請不要
優先選擇誠實

黃光文——作者
狗竹——繪者

作者序

記得那是畢業典禮的前一天。

當時的我正在學校操場跑步，我一向習慣邊跑步邊聽 Podcast，那陣子很多人分享給學生的畢業致詞。於是便問自己：如果有機會對這些孩子說些什麼，我會想說的是？

當時我發現，自己有好多想說的話，想完也笑了出來，因為說太多等於沒有說。於是再問自己，如果只能提醒一件事，我會提醒什麼？如果只能說一句話，我會對他們說什麼？不能太平鋪直敘，最好有點意外感，否則會變成背景音，直接被忽略，於是我開始把想說的事情排序，後來發現最重要的是：請不要優先選擇誠實。

那麼，如果還有機會多說兩句，我會想提醒哪三件事？就這樣，這篇幾乎沒有打草稿，非常順利地快速寫完。這就是本書中〈請不要優先選擇誠實〉的由來。隔天一大早，我把文章發上臉書，便開始忙畢業典禮，當時把手機放在另外一張椅子，且忘了關通知。當時才第一次體會到，手機被「提醒通知」震動到快沒電的經驗。

很多人分享並回饋：「不只高中畢業生需要，出社會多年的人對這四點也很有感……」而這是我第一次深刻感受到文字的力量。原來我的想法可以發生一些影響力，原來文字遇到理解的人，會「活」過來。

這本書是我的第二本書，時報出版讓我把相信的理念收集在一起。書裡的文章大部分是我的學生們在面臨困擾時，我透過故事與他們交流的內容。本書收錄的通常是，學生反饋很有感覺的文字。那陣子我也常跟我的高中同學聊天，他們雖然不是什麼名人，但都很努力，優秀。人生有很多選擇，我想知道大家平行時空的其他選擇，其他人生的更多故事。

和他們聊，記錄他們的故事，讓大家多一些體驗選擇。而這本書大概是我寫作幾年來的一個梳理。數學味沒那麼重，故事卻很多。文字是死的，只有遇到理解的人，才能重新地精采活過。

所以，我要感謝看著這些故事的你們願意理解，賦予這些文字更多的可能和生命。就像我常對學生說的：「我對你們的期待是：畢業以後可以笑著對我說：『很開心來到家齊，很開心可以遇到老師。』」而我對閱讀這本書的各位最大的期待，也是讀完後，可以闔上書本微笑地說：「很開心選擇這本書，很開心認識這些有趣的靈魂。」

目錄

輯2

你跌倒了嗎？

輯3

當你在十字路口

輯4 超能力新手村

輯5 綻放生命的綠芽

輯 1

人生是非題

請不要優先選擇誠實

選擇「良善」，或許讓人覺得無趣，但我相信無趣的良善，比自認有趣的傷害好多了。

在學校的操場跑完十公里後，看著安靜的校園，突然有些話，想說：

請不要優先選擇「誠實」

如果一件事情有很多選項，其中只要有一個選項叫作「良善」，那麼請你優先選擇它，而不是「誠實」。我想，你一定想問：「為什麼？」

因為這裡所謂的「誠實」，其實有時只是不經思索的直覺反應，而會帶給別人怎麼樣的傷害。有些傷害是不可逆的，更重要的是，要怎麼確認這裡所看到的事實，就是全部的事實？如果有一個傷人的表達方式，和一個良善的表達方式，為什麼不選擇後者呢？

理解哪些底線不能踩，這需要智慧。或許，有些人的年紀還未必有這樣的判斷力，所以才會有網路上吵得沸沸揚揚的學生開玩笑卻演變成無法收拾的炎上事件。選擇「良善」，或許讓人覺得無趣，但我相信無趣的良善，比自認有趣的傷害好多了，更何況，比起當個「討人喜歡」的人，更需要追求的是當個「讓人尊重」的人。喜歡是一種感覺，很容易變，尊重則來自於本身的價值，短時間內不會改變。就像告五人的那首歌唱的：

撞到人要記得說對不起。

肉體碰撞後的傷害看得到，但言語或行為上的傷害，卻不一定比較輕。如果傷了別人，能夠在畢業前夕，發個訊息或寫封信，好好向對方說聲「對不起」，雖然他接不接受並不是你能控制的，但至少你已經「選擇做自己應該做的」。

選擇「學會放棄」

許多同學多才多藝，什麼都想抓。的確，很多事情都很有趣，但人的一天只有二十四小時，扣掉睡眠，所剩無幾。這時，便要分辨什麼事情是「重要的」。我相信你們都分得出什麼是「緊急的」，而「重要且緊急」的事，多數人一定會先做。然而，有時「重要而不緊急」的事情，（像運動、閱讀、自我成長……）要比「緊急而不重要」的事情（參加有時效性活動、回覆朋友的即時訊息……）更值得花時間去做。

專注力氣去做好一件重要的事，放棄追求那些現階段不該執著的妄念。例如：既要……又要……還要……

選擇「笨功夫」

《灌籃高手》中有幾幕讓我印象深刻。櫻木花道總是偷偷練習，因為他不想讓晴子發現，希望晴子認為他是天才，而且也認為天才還需要練習實在太丟臉了，但他不知道的是，晴子每次看他在練習時，其實都非常開心感動。

大家總是希望表現出輕鬆愜意的樣子，深怕讓別人發現自己即使很努力了，結果卻仍不盡如人意，覺得這樣很遜、很可笑。但我要說的是，人一但努力過後，即使最後失敗了，背影仍然非常動人。

與其相信「天賦才能」，我更希望大家試著相信「努力的價值」，因為大多時候，所謂的才能，是努力到滿溢出來的結果。

選擇「問自己」一個問題

如果可以，每到了一個人生新階段，記得隔半年一定要問自己一個問題：

「這是我想要的生活嗎？」如果考上了大學，那麼就問自己：這是自己拚了十二年想過的大學生活嗎？如果不是，就不要只是怨天尤人，而是想辦法改善，雖然有時候問題太大，沒有辦法解決，但是至少曾經努力過。

我們都希望自己是天選之人，人生可以像玩遊戲一樣，直接開外掛，一個大絕招，所有困難都水到渠成。

但你知道嗎？很多時候有轉折，才會是一則好故事。所以當你們受困在低潮，記得告訴自己，所有你現在過不去的狀態，都會變成日後津津樂道的故事。

而前提是，你要相信堅持下去，才能看到好故事的結局……

想提醒的事太多了。就像我有些學生說的，我真的灌太多雞湯，其實我又何必這麼早劇透呢。就像我接導師時，對同學說的：

我期待，畢業後可以笑著對我說：「很開心來到這班，很開心來到這裡。」

我不知道你們感覺如何？但我很開心可以遇到你們。

孩子，畢業快樂。

每個選擇都代表了放棄

人生多半只有累積沒有奇蹟，很多的幸運真的只是持續努力到滿溢出來的結果。

有一次申請入學的學生向我分享，第二階段面試大部分科系都是篩選出錄取人數的三倍，也就是如果要錄取五十個人，第二階段便會通過一百五十個人。只是除了頂大，大部分科系幾乎都只有二倍人數報到。

學生告訴我，教授很無奈地說：「你們是六選一，我們只能二選一。」

今年班上要考分科的學生比去年多，有些沒考好，但大多數是想考更好。我覺得都很好，只要心能靜得下來，應該都會有不錯的結果。

要求自己「刻意努力」

最近看著有些人雖然每天準時到圖書館報到，也都在讀書，但娛樂活動完全沒有減少，似乎沒有上緊發條的感覺。稍微聊了聊後，他們告訴我：「我都有在念，老師不用擔心。」

而我想說的是：知道什麼是「有效運動心率」嗎？

這是指如果運動強度太低，就算常常運動，效果也不會太好。這當然比不運動好，但也許跟你預期的效果，會有一大段落差。如果你想達到預期中的有效運動效果，便不能讓自己太輕鬆，必須要求自己「刻意努力」，讓自己的心跳達到一百三十至一百五十下左右，而且每週至少三次，每次至少三十分鐘。

也就是你要把自己推出舒適區，進入挑戰區，雖然過程會有點辛苦，但能力才會增長。

因為有些人並不是不努力，而是努力的方式不太對。對待自己的方式，就像是吃飽飯，去公園散步般，雖然也稱作運動，但強度其實不夠，尤其對即將面臨分科考試的你們，這樣的讀書方式，真的只是讓自己心安而已。

當然，並不是要大家持續維持高強度的努力，而是提醒必須增加可以努力的「頻率」和「長度」。人生多半只有累積沒有奇蹟，很多的幸運真的只是持續努力到滿溢出來的結果。

上天憑什麼要特別眷顧你？

當然過度努力，也可能會造成傷害，該如何拿捏就需要經驗。但是，我相信大部分同學，應該都屬於可以更強，還不會受傷的程度。

所謂大人的世界就是每個「選擇」都代表著「放棄」。你不可能「既要」、「又要」而且「還要」。既然沒有特別聰明，也沒有特別努力，那麼上天憑什麼要特別眷顧你？既然選擇了分科，選擇了再拚一次，那就要放棄輕鬆過日子的妄念。因為放棄現在的努力是有效運動心率的幻想。

我始終相信「有時候不逼自己一下，你不知道自己可以多強」。

不是每句「對不起」都能換來「沒關係」

謝謝的真正用意不是為了降低與對方的虧欠感，而是期待未來能與對方有更密切往來的關係。

日常生活中，有時會遇到一種情境：小光做錯事向小文道歉，儘管小光已經低聲下氣了，小文還是在氣頭上。小光終於忍不住冒說：「我都已經說對不起了，你還要我怎麼樣？」小文：「你看你這什麼態度，根本沒有誠心誠意地反省……」

我常在想小光都說知道自己錯了，也誠心的道歉了，為什麼事情還是會發展成這樣？

道歉背後的潛台詞是……

最近從朋友那裡看到一段話，應該是我至今看到對「道歉」這件事最棒的理解。他說道歉的真正意義在於「承認自己錯了，並且願意接受對方負面情緒的反撲」，而不是「都說過對不起了，還想要我怎樣？」

因為小光把道歉當作解決問題的手段，所以當他道歉後，自然在心裡生出那句潛台詞：「我都已經說對不起了，你還要我怎麼樣？」小光心想：我道歉就是為了解決問題啊，你還窮追猛打，那我還能怎樣呢？

而對方當然就不覺得這是真正的道歉，這種認知差距正是問題無法解決的原因，你可能會想問：如果道歉不是解決問題的手段，它又能是什麼呢？是重啟我雙方關係的選擇。

真誠的道歉就是在告訴對方，我承認自己錯了，即使對我有過不去的負面情緒，也是我該承受的。我願意在這個基礎上和你發展以後的關係。所以有人說：承認自己的錯誤，是對過去關係的反思；接受對方的反撲，是對未來關係的準備。

你不再是小孩，不是做錯事說一句對不起，就可以得到原諒、再開始的機會。我們都長大了，沒有要求世界對你寬容的權利，世界甚至可以不在意你的感受。請記住大人的世界，並不是每句「對不起」都能換來「沒關係」。同樣的道理，謝謝的真正用意不是為了降低與對方的虧欠感，而是期待未來能與對方有更密切往來的機會。也不一定會回饋在對方身上，而是把這種正向能量轉移到其他人身上。

而長大以後我們都知道，同樣的行為與其用來終結過去的問題，還不如期待開啟未來的關係來得有價值。

所有的問題都是「關係」問題

不要只注意「問題」本身，更應該關注的是問題和周圍環境的「關係」。

有人說過教育學就是關係學。想像一種場景：老師把家長叫去學校，抱怨了許多你的孩子在學校的種種失序行為，回家後你的作法會是：

①置之不理，年輕本來就容易犯錯。

②如實傳達，再發一頓脾氣警告孩子，不可以再這樣造成老師的困擾。

③其他。

找到正向積極的發聲目的

第一種當然不太好，但第二種總該沒問題了吧。只是其實大部分家長都知道，第二種作法通常也不會有太好的結果，也許學生為了自保或其他原因，會陳述老師種種的不是，師生關係因而陷入緊張。

相對於怎麼處理孩子的問題，更重要的是怎麼處理師生關係。有些時候可以讓孩子表現變好的，不是他們修正了什麼行為，而是對老師產生了信任親近感的結果。所以身為孩子和老師中間者的家長，該扮演的是促進兩者關係的角色，而不是訊息忠實傳遞者或矛盾放大器。

事實上，對於其中一方的指責，更應該轉達的是老師對孩子的期待，因為完全沒有期待，也就不需要花時間在孩子身上。也可以找出老師對孩子的欣賞角度，試著在訊息中找到正向積極的潛台詞。

孩子抱怨功課太多，其實潛台詞就是他想要如期完成；老師抱怨孩子表現不好，其實潛台詞就是他覺得這個孩子可以表現得更好。

陪孩子一起打敗問題

或許有人認為因為我是老師，當然會有這樣的論點。但是大家不知道的現實是，學生認真學習有時不是因為熱愛某個科目，更常因為喜歡某個老師。師生關係好了，進步便是自然的結果。

所有的問題都是關係的問題。不只家長是如此，當老師介於孩子跟家長之間的矛盾，我通常也都是這樣處理。因為我相信，我們要做的是陪孩子一起打敗問題，而不是和問題一起打敗孩子。

你可以沒用，但不可以沒有

我在跑步時其實不需要在過程中補水，但因為體力下滑或壓力，判斷力便會不夠精準……

知道模擬考的真正用意是什麼嗎？

其實這些題目跟大考多半都差滿多的，那為什麼還需要去參加？

那是因為模擬考真正的用意是：讓你知道自己現在在全國的位置，讓你瞭解現在的你和自己的目標有多大的差距？所以「要認真對待模擬考但不需要太過焦慮」，因為重要的不是這次考了幾分？而是知道自己的分數後，做了什麼樣的調整。

分清楚是「想要」還是「需要」

模擬考的另外一個功能是提醒你有哪些類型不熟悉，甚至有些類型是一看就知道：完蛋了。因為它踩中觀念的痛點。因此，無須期待模擬考的題目跟大考類似，這機率非常低，而是要透過這個過程找出需要加強的題型，並且千萬不要賭不會考，以我多年的教學經驗可以說，幾乎一定會遇上，是躲不掉的。

有一次我和朋友去看日出，早上4:30從龍崎國小跑步大約八公里到二寮山。朋友告訴我路上沒有任何補給，提醒我帶一瓶水，想喝才有得喝。當時的我不以為意，平時的我自我練習都是一次跑11Ｋ，中間也無須補充水分，等到回家才喝，更不用說我不喜歡跑步時手上拿著東西。

但因為他比較有經驗，當時我也就跟著做了。到了跑步當天，尤其到後半段時，我真的很慶幸自己帶了這瓶水，因為長上坡體力的消耗比我想像中大，我猜如果手上沒有這瓶水，應該會在體力快速流失時，告訴自己好渴，應該帶水的。

然後這種想喝水的需求感會一直折磨我，而在體力下滑的階段便有可能停下來用走的，其實最後我仍然沒有喝水，但是因為自己手上有這瓶水，我知道可以在想喝水時隨時喝，分得清楚那是「想要」還是「需要」，節奏就不至於亂掉。

在逃避命運的過程和命運不期而遇

很多東西「你可以沒用到，但你不可以沒準備好」，如果你有一兩個觀念似懂非懂、沒有弄清楚，那麼以數學邏輯來看，一是會考出來，因為數學老師都知道你們弱的地方在哪裡，也會不客氣地往那個地方踩，因為我們希望「你們學會」。

二是沒有考出來，但也不用太高興，因為這個觀念不熟，你會心虛，所以看任何題目都會像是跟它有關。相信大家應該都有這種經驗，遇到了解不出來的題目，會直覺地認為那就是自己不熟的觀念，然後開始懊惱，節奏大亂之下，最後表現大失水準，事後討論卻發現那個題目，其實用本來就會的觀念就可以解開。

就像我在跑步時，其實不需要在過程中補水，但因為體力下滑或壓力，判斷力便會不夠精準。數學跟跑步還有其他科目不一樣的地方便在於，一個題目懂了八九成，跟完全不懂有可能分數是一樣的，不公平、很殘酷但是事實。有人說：「我們總是在逃避命運的過程和命運不期而遇。」

請容許我改寫一下：「數學考試總是在逃避失分的過程和失分不期而遇」。長大以後我們都知道，許多知識「你可以沒用，但你不能沒有」。

你知道嗎？他真的很……

別片面解讀所遇到的事情，每件事情都會有很多面向。請記住，沒有人想要被討厭！

有一次上課，看得出學生的疲累，直覺性問：「上一節上什麼課？為什麼你們看起來這麼疲累？」

有一個學生馬上回答：「就是某個老師的課啊！老師你知道嗎？他真的很……對啊！老師，他的作業超多又很兇……然後作業跟他教的都不一樣啊……」學生們七嘴八舌一直抱怨，越抱怨越來勁，甚至有些不太好聽的話都講出來了……而看著他們，想到我看到的一則小新聞。

一場演唱會教會我的事

我說：「你們知道周杰倫的演唱會，會有『點歌』的橋段，那通常是最受歌迷期待的環節。有一場一個自稱『小仙女』的歌迷，要點一首歌送給他的前男友，因為她知道她前男友正在現場，而且他快要結婚了。她說：『雖然我的前男友又醜又瞎，但我還是要點一首歌送給他，歌名是〈算什麼男人〉』。」

班上開始一陣起鬨。我笑說：「沒錯，大家都喜歡看這種劇，所以現場跟你們的反應差不多，甚至更激烈。她甚至要求攝影師將鏡頭對著她，讓她的前男友看看，她是多麼美麗，錯過她是多愚蠢的事，要讓他知道她比他現在的未婚妻更好。」

如果你是周杰倫，會怎麼接話？

我很喜歡周杰倫的反應，他是這樣說的：「這真的是一個很特別的經驗，我有點不知道該用什麼心情去唱這首歌了。但不管如何，我們還是用『祝福的心情』，將這首歌送給小仙女的前男友吧。」

為什麼有些人會選擇當比較辛苦的人？

現在的教師甄試競爭非常激烈，幾乎是一百多個人考取一個。學校老師每個都非常優秀，你覺得能當上老師的人，他會不知道「怎麼當一個讓學生開心的老師」嗎？至少知道怎麼當個不被學生罵的老師。

難道他不知道你們在背後抱怨他嗎？但為什麼還要做這些吃力不討好的事情，是心態有問題想虐待你們？還是這樣做會加薪？我想你們都很聰明，應該知道答案。當一個討人喜歡的老師，真的比較輕鬆。

為什麼有些人會選擇比較辛苦的路，我想是因為那是他的「責任」。因為這份責任，即使被學生討厭，也認為自己必須堅持下去，或許他的方式不是最好的，但是他的用意我相信是好的。

用祝福溫柔的角度去看待

我很喜歡一句話：「很多時候你看到的『問題』，是別人想到的『解決方案』。」

我知道在這種時候，對你們說這些話很掃興，跟著起鬨比較輕鬆，甚至很過癮。但如果可以，我希望別片面解讀所遇到的事情，每件事情都會有很多面向，請記住沒有人想被討厭。

提醒自己「還可以有更多的角度」去解讀你所遇到的人事物。我更希望大家可以跟周杰倫一樣，用祝福溫柔的角度，去看待更多讓我們過不去的的情緒。

說真的，它真的不容易，但絕對值得努力。

走著走著，我們活出了時差

長大後，走過了好多城市，看過了好多風景，走著走著的我們，才和父母走出了「時差」。

以往過年和老爸接觸時間長，常常聊天聊到生氣，覺得他固執己見，尤其媽媽不在以後，總覺得他因為放不下而不放過自己，柔性勸說和激烈爭執，結果都差不多。最近看邱晨提出了一個「時差」概念覺得非常受用，他提到有時候我們試著說服父母「過時」的觀念，甚至無法理解為什麼他們不肯接受我們的觀念。但那是因為我們都忘了就是這些過時的觀念，陪著他們挺過那段艱辛的時代。

給彼此的時空溫柔的尊重

其實說「過時」，真的太嚴重。我們都知道「語言」會影響「思維」，而「思維」會決定「行動」。所謂「觀念」本來就因應各種不同生活方式而生成，但很多時候只是因為我們長大後，走過了好多城市，看過了好多風景，走著走著的我們，才和父母走出了「時差」。

「過時」會讓人直接聯想到需要淘汰更新，但是「時差」卻讓人想到只需要調整適應。其實有些人可能只是一直待在固定的地方不曾離開，想法難免跟其他人有所差異，我相信「沒有任何觀念是絕對錯誤，只有絕對的觀念才是真正的錯誤」。以「時差」的概念來看待彼此觀念的差異性，更能讓人接受。

我們要做的不是爭論，哪邊才是「正確時間」，更不是找到一個共同遵守的「標準時間」，而是給彼此的時空一個溫柔的尊重。

我贏了反而更難過

就像我們旅遊到了不同國家，會自動調整時差一樣，若硬要他接受我的觀念，那他可能會更孤單。因為他可能會變得跟自己的時空格格不入，因為每天陪在他身邊的並不是我。

而且每次和爸爸爭論，就算爭贏，他也不會改。難怪有人說：「什麼時候我們會更加堅持我們的立場，甚至產生一種信念感？」答案是：「當對方開始和我們爭論時。」

更多時候，我贏了反而更難過，因為過程中難免會出現不理性的用詞，我發現用時差的觀念，去看待彼此的差異，好像就比較不再那麼急於改變，或是爭論孰是孰非，並且能有更多耐心去聆聽、去感受對方的時空及堅持。

原來不是大家都歡迎我

它可以照亮你的不足，讓你變得更加完備，所以每年的營隊，永遠是最令我頭痛的孩子給我最多故事。

我很喜歡一句話：「萬物皆有裂縫，那是光照進來的地方。」

和丹平還有學校同事，辦下鄉服務營隊已經將近十年，第一年是我的母校七股國小，可能因為是校友的緣故，學校全力支援，主任把全校的鑰匙都給我，可以任意動用資源，活動相當順利。

第二年是松林國小，校長是我國中最要好的同學，當然也是全力支援，籌劃上有什麼缺失，他們很快就補位，活動仍然非常順利。

一次令人意外的意見反饋

兩次成功的經驗讓我誤以為自己的能力真的很不錯，每間學校也都歡迎我們這樣的服務性社團，而且也會全力支援。直到第三間學校。接洽時，校長、教導主任都非常開心對我們說：「歡迎你們到學校帶給偏鄉的孩子更多知識及刺激。」沒想到第二次見面跟總務主任接洽細節時，主任一開口就問：「老師到我們學校辦活動，我們學校出租場地需要收場地費，還有你們用的電費，我們學校都有一定的規範。」說真的當時我有點傻眼，一方面是沒有這方面的預算，另一方面是過去從沒遇到過學校跟我們收取這筆錢。後來我再直接聯絡教導主任，他對我們說，是總務主任搞錯了，並不需要付這筆錢。營隊中幾次接觸，總務主任總是「親切提醒」學生太晚睡，會對附近居民造成干擾；學生關開門太用力，我們的門才剛換過；學生的音量太大了……

我這才發現，原來即使我們認為自己在做有意義的事情，也並不是所有人都是歡迎我們。這場活動，丹平極為氣憤地對學生說：「拿出你們最好的態度，用最高的標準要求自己，別人用放大鏡在看你們，我們要做到讓人家無話可說。」

刁難的經驗反而確立了制度、態度

當時的我就是負責緩衝整個氣氛、情緒，說沒有不舒服是騙人的，但正因為知道有人盯著我們，所以這場活動我們重新以菜鳥的心態審視整個流程，並以更高的標準要求學生，除了上課的教室周圍環境，就連廁所也全部打掃一遍，服務不是只有一種型態。

廁所只要動過衛生紙，一定補滿。結束後，教導主任、校長稱讚有加，力邀我們明年再去。這一年的經驗才讓我發現，原來我們辦營隊其實對行政人員是會增加負擔的，六日的活動，他們其實都是加班。

我常在想就是這一年，這樣有點被刁難的營隊經驗，反而確立了我們科服社的整個制度、態度，讓我們後面的營隊更加順利。

只因為你還沒有準備好

我有時會以這個例子告訴孩子，很多時候現實的種種磨難、不如意，是因為你需要具備一些重要能力。而現階段的你尚未具備。想要念頂大熱門科系，如果當下實力不夠，就算可以混進去，也是會念得非常辛苦。所以，為什麼一直得不到你想要的，因為你還沒有準備好。就像那句話說的：「萬物皆有裂縫，那是光照進來的地方。」裂縫照進來的光可以照亮你的不足，讓你變得更加的完善。

所以每年的營隊永遠是最令我頭痛的孩子給我最多故事。人生何嘗不是這樣，有些缺陷、有些裂縫，會讓我們的人生更有滋有味，這也是為什麼，茶葉蛋永遠比白煮蛋更加美味。

沒有任何事情是「應該」

如果可以，為什麼不讓自己做個溫暖的人，別把身邊的方便都當成理所當然，因為那都是其他人努力的成果。

今天早上為自己泡了一杯熱奶茶，一邊喝著一邊看著classroom的留言。想起了前幾天的一件小事：

這學期的實習老師是一個很害羞靦腆的大男孩，高中社團只參加數學研究社，大學讀的是成大數學系，卻沒有任何收費的數學家教經驗，上台容易緊張，或許這樣的形容，可以讓各位稍微理解他的形象。

實習老師的一次留言

我每次出完練習卷，他也會認真地幫學生寫好詳解，讓大家可以再複習一次。還沒停課之前，中午與放學時間，他都會主動留下來，讓學生問數學。我一向很喜歡這種純樸認真的孩子，前幾天他私訊我：「老師這一期的詳解我沒有寫，因為我覺得他們好像沒有很需要。」他說。我接著回答：「沒關係。」

我大概瞭解為什麼。他之前，曾在Classroom發表一則訊息：「這期詳解有兩個版本，手寫和打字，同學喜歡哪一個版本？請留言作為下次詳解的參考。」

但過了好幾天，都沒有任何留言，昨天上meet，簡單地開場後，我說：「實習老師的詳解，會去看的人舉手，並請在留言串用一至五寫下你的使用程度，數字越大代表使用頻率越高。」

「另外，知道實習老師曾在留言串留言：『希望下一份是手寫還是打字』，請舉手。幾乎大家都知道。『曾想過或覺得應該回應的舉手』大家一片靜默。」

學會感恩，學會表達

「這才是我想要提醒你們的。你們是實驗班，不可否認的，你們的平均資源也比其他班級的學生多了不少。無論是家長或學校方面。可是我最不喜歡的是：有些同學將這些資源視為理所當然，認為：我在這個班級，本來就應該得到更多照顧及資源。」

但是我要認真地說：「沒有任何事情是應該的」。

如果將這些都視為「應該」，那大概率「應該」也會很快地失去這些。先姑且不論實習老師寫這些詳解要花多少時間，大家是否有想過他是抱著什麼心情去寫這些詳解的嗎？

成為正式老師後，會帶很多屆學生，但實習的班級永遠只有一屆，而且是人生的第一屆，在最熱情、青澀時。你們絕對會影響他對未來的想像。還記得上學期的實習老師，畢業後特地從台中回來看你們。一看到你們就快哭出來。記得她對你們說過：「是你們讓她重拾當老師的熱情跟願望的嗎？」

不要以為這些事情沒關係或不重要，如果可以，為什麼不讓自己做個溫暖的人，別把身邊的方便，都當成理所當然，因為那都是其他人努力的成果。

學會感恩，學會表達。學會溫暖別人，尤其是一個對你認真付出的人，這才是真的應該。現在的我一邊喝著甜甜的熱奶茶，看著學生的留言：

A：「我覺得電腦跟手寫的詳解都很棒，謝謝老師的用心。」

B：「我覺得電腦的觀感比較好，但是做出來應該很花時間，老師辛苦了。」

C：「喜歡手寫！謝謝老師。」

我相信也有些孩子會覺得：老師講了以後才做，未免有些矯情，所以沒有留言。只是如果可以在自己心裡，少一些應該，多一些感恩，這樣就夠了。

因為我一直相信，改變一定會發生，只是我們有沒有發現。

有些底線不能踩

這件事情沒做好，並不是你這個人不好。去做好自己應該做的事，這才是成熟長大的表現。

前幾天班上惹了任課老師生氣，有些同學的態度不好，後來似乎也不太有悔意。剛好下一節是我的課，原本答應他們要進行活動。我：「本來今天要讓你們進行活動的，但是我決定取消了，你們知道為什麼嗎？」

學生Ａ：「因為我們該做的事情沒有做好？」

我：「也算是，還有嗎？」

學生B：「因為黑板沒有擦？」

我：「我如果會因為這種事情難過生氣，應早該已經腦溢血了吧。」

學生C：「該不會是××課的事情吧。」

我：「××課什麼事情？」

這時孩子們一片安靜，看得出來有些人不以為然。「你們知道某網紅媽媽被炎上的事情嗎？好，大部分都不知道。簡單說明：有一個網紅媽媽在直播帶貨時，與她兒子用嘲謔的口氣嘲笑資源班，她問兒子：「有人說你在資源班，你真的在資源班嗎？」兒子：「沒有啦，我那麼聰明，怎麼可能？」網紅媽媽：「你們班有人在資源班嗎？」兒子：「我們班一個問題兒童都沒有，只有稍微不正常的。」

還好，是真的還好嗎？

看得出來很多同學覺得「這好像還好吧」，或許是因為平時同學講話，都比這個更惡毒。可是正因為覺得沒什麼，才是最大的問題。

就是這段同學們覺得「這好像還好吧」的話，導致至少十家廠商和這個網紅媽媽解約。「如果今天你們只能記住一句話，我希望可以記住這一句：『有些底線，不能踩。』」我說。

每個人的界線不一樣，你覺得沒什麼大不了的，可能會是別人不可跨越的紅線。每個人的承受度不一樣，就像要你十分鐘不喝水，你可能覺得沒什麼，可是對一個身體已經快到極限的人，不要說十分鐘，只要再一分鐘，都可能會垮掉。

你會對他說：「這是你的問題吧？你太脆弱敏感了嗎？」我想應該不會。因為在那個當下，他已經快到極限了。

同樣一根針，刺在屁股與刺在眼睛，難道會一樣嗎？永遠不要覺得「這沒什麼，何必小題大作」。很多時候，重要的不是你想要表達什麼，而是對方感受到什麼。不是對方誤會了你想表達的意思，而是你誤會了自己表達的意思。

或許你會問：「如果都要考慮這麼多，那要怎麼講話？」

不要把取笑當成幽默

其實也沒那麼難，別把髒話當成習慣用語，如果認為這樣才能顯得接地氣，那我只能說有點「悲哀」；別把取笑當成幽默，無趣的善良，比自覺有趣的惡意好太多了。

過去有某學校園遊會事件，當事人是故意要傷害原住民嗎？我認為不是。某大學學生會選舉事件，那組候選人在在提出政見時真的想傷害人嗎？還是只是覺得很有趣？結果呢？

這就是「有些底線不能踩」，而判斷哪些底線不能踩，需要智慧。對許多人來說，或許有點困難。就像有首歌唱的：撞到人要記得說對不起。很多傷害比肉體的衝撞更嚴重，做錯了，好好道歉。雖然對方是否接受，不是自己能控制的，但該做的事就是要去做。

最後我要提醒的是「做錯事情」代表的是，這件事情沒做好，並不是你這個人不好。去做好自己應該做的事，才是成熟長大的表現。

這應該只有諸葛亮做得到吧？

先驅者一定會走很多冤枉路，更好的路徑是不斷嘗試出來的，才會發現問題，並加以修正。

記得有一次和兒子自己動手剝、吃榴槤，兒子：「阿文啊，你不覺得很神奇嗎？」

我：「什麼很神奇？」

他：「第一個吃榴槤的人啊。一個長得這麼醜陋的果實，又有不太好聞的味道，怎麼會有人覺得，這是可以吃的食物……」

我：「真的耶。如果在戶外，我沒有看過這種東西，我真的沒有勇氣去嘗試。」

誰是第一個吃榴槤的人？

我很喜歡吃榴槤，也很感激第一個勇敢嘗試的先驅，讓我有機會接觸這麼美味的水果。所以我一直覺得，對先驅者應該給予鼓勵肯定，而不是吹毛求疵地指出對方還有哪裡做得不夠好。

就像你不會對一個初次吃榴槤的人說，他的料理方式哪裡有瑕疵，或是他的保存方式不恰當。你可以不喜歡榴槤，但不用因為不喜歡榴槤的味道，而怪罪吃榴槤的人。

因為他們讓這個世界，多了一種選擇。

改正問題才能越來越好

先驅者一定會走很多冤枉路，更好的路徑是不斷嘗試出來的，才有機會發現問題，並加以修正。這世上沒有完美的行為，完美的行為只存在腦袋中。

完全正確的話，其實只是沒有意義的廢話，只有放在腦海中不去做的想法，才能說是完美的想法，完全正確無誤，但這應該只有諸葛亮做得到吧？而且還要是「事後諸葛亮」。

而這個世界最不缺的就是「事後諸葛亮」。

輯
2

你跌倒了嗎？

致我高中成績後段班的那些同學們

我一直相信，當你曾經被打趴，重新站起來時，反彈的能量是很大的。

我的高中同班同學都很優秀，在同學會會看到一個很有趣的現象：成績前三分之一的同學現在當教授、工程師、老師……

那其他同學呢？

而後三分之一的同學中，有一個原本是學長，因為被留級，變成同學但又不幸被留級一年，依港明高中的規定，就必須轉學，後來考上成大數學系。他大學畢業後，去台北闖蕩一番再回台南做科技養殖。用優格養草蝦，養得跟手臂一樣的大，不僅是報章雜誌、電視台的報導常客，還被編入國小教科書。

另一個同學和我一起考上高師大數學系公費生，後來因為某種原因被二一後先當兵，日後重考上台大電機系，一路讀完博士。現在自己創業從事類似科技法律的顧問工作，做得非常有聲有色。

還有一個同學被留級，最後考上逢甲大學。現在是一家跨國大公司的業務總監，每季的盈餘都是以億為單位，住在台中的豪宅，而且老婆是我們全班最漂亮的班花。

還有一個同學非常喜歡打籃球，他也是被留級，現在在一家科技公司當經理，常常自費訓練公司的公益球隊，並且每年都會贊助青年慈善家沈芯菱到學校演講，直接感動且改變年輕人。

人生靠的是態度與能力

記錄這些是因為去母校宣導時，看到熟悉的環境，過去的畫面歷歷在目。也不是要高唱讀書無用論，會讀書很好，對人生很有幫助，但並不是不擅長考試就沒有人生希望。出了社會，要看的還是態度、能力，而不只是文憑。就像朋友曾說的：「成功不是只有努力，還要有很多人的幫助。」

然而不夠努力的人，有很大的可能性會失去機會。我的這幾個同學都有很棒的人格特質，他們面臨低潮、自我懷疑，發現努力付出卻沒能立即得到回報，但仍沒有放棄並且相信自己可以更優秀，才能有今天的成就。

從事科技養殖的那位同學，不可能一開始就養出手臂大小的蝦子，有時候甚至只是一個天災人禍，就會血本無歸。這時會不會讓人懷疑人生？念台大電機的同學，被二一後便沒有公費補助，我們都是鄉下來的孩子，可以想像他背負著老家爸媽的多少期待來讀書，當時要怎麼面對親友。

所以當時的他沒有立即重考，選擇了當兵，好好磨練自己的心智，也因為繞了一圈，使他更確定自己想要的。日後，他走得更加堅定但相信也絕對不輕鬆。那樣的壓力，如果沒有信念，又怎麼能走得過來呢？

業務總監的歷程就更不用說了，他能爬到現在的位置，過程可想而知。他對我說，他阿嬤以前都會幫他攔截高中成績單，還常常擔心攔不到。到現在九十歲了，都還記得這件事。他是家中長子，他永遠都記得，阿嬤將成績單交給他時，對他說你要好好加油，不要讓爸爸媽媽擔心。

無論在哪個位置都能各自精采

但是，無論是成績或成就，同學們不管在哪個領域、哪個位置，大家都各自努力、各自精采，且難以詳載。

還有一個同學擁有一份大家稱羨的工作，可是卻毅然辭職，回新化老家種番薯。他堅持無毒栽種，他們家的番薯是台灣最大地瓜薯製品加工廠指定，我們的同學會常常辦在他家，如果累了、挫折了，大家也會去他家坐著聊天休息，他們家就等於是我們的心靈驛站。

我一直相信，當你曾經被打趴，重新站起來時，反彈的能量是很大的。這也是因為曾經趴在地上，所以不害怕再失去，更重要的是，學會了能同理那些跌倒的人。記得曾聽過一句話：

所有現在發光發熱的人，都曾經自己走過一段最黑的路。越沒有人在意時 越需要記得相信自己。

不要把困境當成仇人

是對於「做事的人」來說，他不是花時間去設想「尚未發生的困境」，而是一件一件地解決「當前的問題」。

記得第一次看《鬼滅之刃》就被深深震撼，炭治郎看著變成鬼的妹妹禰豆子。他沒有選擇拋下妹妹，反而一直背著她跋山涉水去追尋一個遙遙無期的希望（再度變回人）。甚至遇到鬼滅隊對他說：「不可能的，鬼不可能再變回人的，我來減輕你的負擔吧！」他仍然奮力對抗最強的鬼滅隊大喊：「不，我妹妹不會吃人，我妹妹不一樣。」我當時想，漫畫當然要如此才動人！但現實呢？

尋覓那道「希望微光」

如果你的親人或最愛的人變成了會吃人的鬼，或是變成幾乎吞噬你全部希望的「陰暗」，有多少人願意無怨無悔地背起那個「沉重的負擔」？去尋覓那極小機率的「希望微光」？

我不知道自己做不做得到，但我認識一個大姐做到了。

非科班出身，學歷也沒有特別漂亮，可是她帶出了很多優秀的奧林匹克數理競賽等級孩子。或許，你會覺得那是幸運，剛好遇到那些孩子，但根據我的觀察，可以負責任地告訴你：是那些孩子很幸運地遇到她。

孩子其實資質不差，只是潛力沒被激發，可是她卻能找出哪些孩子獨特的亮點，相信、陪伴他們走過迷惘、找到自信，最後發光發熱。很多家長看到孩子的表現都非常驚訝，這真的是我的孩子嗎？我的孩子真的有這麼棒嗎？

每個孩子都想做好每一件事

我問她：「我自己也接觸過幾個這類孩子，其實並不好教，妳是怎麼做到的？」她告訴我：「我也不太知道，可能我比較容易看到他們的優點吧，試著去看他的『潛力亮點』而不是現在的『實力表現』，很多時候他們並不是『教出來』的。」

我一直有個想法：每個人都有「自學」的本能，就像當初我自學鋼琴一樣。當時我有一個念頭，「第一個會這件事情的人」基本上沒人可以教他，所以我想讓自己成為「那個人」。我永遠記得當我彈奏〈少女的祈禱〉，鄰居趕緊把垃圾都拿出來的那種感動……

我始終相信：每個孩子都想做好每一件事，他們犯錯絕對不是故意的。他們都有在思考，只是大人常常忘了「我們也曾經是個孩子」。如果可以用他們的角度思考，或許能更容易理解他們的行為。

鼓勵質疑答案正確性的老師

或許，孩子「一直犯錯」是想表達，你一直「沒有辦法理解」他真正的需求、動機，真的不是故意的。這是讓我們能進一步自我成長的契機。

如果小孩子說謊，我不會指責他說謊，我會告訴他：「你講的和我看到的事實不一樣，是為了什麼？」我不會鼓勵孩子考一百分，我會對他說：「你只要把你會的都寫對就好了。」小孩子犯同樣的錯，我不會說你是「故意」的。我會問他：「你是想讓我知道什麼嗎？」

我也問過前面提到的老師：「接觸過那麼多優秀的孩子，如果只能講一個，妳會想到誰？」她：「我有一個習慣，有時候會在最後一個動作，故意寫錯誤的答案，並對孩子說：『我的答案不一定正確，可以跟我討論，歡迎質疑我的答案。』」

而有一個孩子讓我印象深刻，他很乖也很認真，第一次發現我寫錯了，很疑惑地看著我，但不敢問，最後還是把錯誤的答案抄了，我一直問他：「你確定這個答案是正確的嗎？」他說：「應該是吧！」所以之後上課，我便常常問他：「你覺得解答的答案正確嗎？」

孩子後來對媽媽說：「這個老師很有趣，一直要我們質疑答案的正確性。」後來孩子去參加一個國際性科奧比賽，舉辦國家可能比較沒經驗，主辦單位給的器材有問題。所以跟他們做出來的結果有差異，但最後他們還是堅持用自己的數據，並請領隊老師向主辦國家提出質疑，因此獲得額外加分，最後甚至拿到了金牌。而類似的情況也曾發生在其他領域：一個大家公認一定會得金牌的國手，卻因為試劑被發錯，以為自己判斷錯誤，最終只拿到了銀牌。

一件一件地解決「當前的問題」

我問她：「如果只能分享一件事，妳想跟我分享人生的哪一件事？」她說：「我記得自己從小就很羨慕銀行職員，覺得做這份工作特別有成就感，所以當我考上銀行職員時，我和爸媽都非常開心。可是工作了三個月，我就知道這不是我想要的，我第一次發現原來『得到』的快樂，可能這麼容易就『消失』。不到半年後，我就辭職了。我永遠記得那一天，媽媽問我：『你今天為什麼不用上班？』我回答自己辭職了，媽媽又問我以後要怎麼辦？我說：『我相信以後會過得比現在還好。』媽媽點了點頭。」

「我知道媽媽其實非常擔心，可是她沒有任何指責和批評，即便日後沒有更好的發展，她依然沒有數落過我。事情發生了，再責怪也不會對事情有任何幫助，但如果她責怪我，我可能會找很多理由、藉口，去欺騙她，也欺騙我自己。媽媽把這份擔憂放心裡，眼睛卻保持著期待，也正因為她的相信，讓我告訴自己：『我遠要記得不能愧對媽媽對我的信任。』」

「所以你也是這樣相信這些孩子，相信他們一定想讓自己變得更好，只是找不到方法。」我說。「可能吧，你知道我在人生最困難的那段時間，我先生突然中風昏迷。當時孩子非常小，我的人生一團混亂，我真的沒有感到害怕，因為沒有時間，我的時間只能用來解決問題。但我真的很感恩那場突如其來的災難，因為後來先生開始戒菸戒酒，而且當時我們的狀況非常不好，先生的那些酒肉朋友全部都消失了，讓我們看清了一些事情，也讓我們知道什麼才是最重要、最值得珍惜的。」她感性地說道。

那天我們喝著咖啡聽著她的故事，我腦海中卻想起了炭治郎的師父問他：「如果你妹妹吃人了，你該怎麼辦？」他愣住了，師父一巴掌打過去說：「太慢了，如果發生這件事，沒有讓你選擇的餘地，你要做的事只有兩個：殺了自己的妹妹，然後自己切腹自殺。你必須要這樣的『決心』，才能帶著這樣妹妹繼續前進。」

聽完了老師的故事，我突然覺得或許炭治郎並不是沒有決心，而是對於「做事的人」來說，他不是花時間去設想「尚未發生的困境」，而是一件一件地解決「當前的問題」。

就像她對我說的：「當我們面對『困境』不要把它當成「仇人」。我始終相信困境只是表象，是老天爺在考驗我，既然是考驗，就代表我是有能力的，也相信老天也是慈悲的，他不是用來『打垮』我，而是用來『精進』我，所以我把它當成『機會』好好地接受、處理它。」

她接著說：「在這個過程中，你會學到非常多經驗，也因此，我的經驗會不斷加成。或許我沒有亮眼的學歷，卻有豐富的經歷，跟解決問題的能力。」

有人只是掉棒，有人卻……

因為「掉過棒」，你會能同理低谷者的心情，因為「不想再掉棒」，你會更努力握緊屬於你的接力棒。

一年一度的運動會結束了，在這種不太確定的年代，可以辦運動會是很幸福的。那一年不知道是不是因為疫情的關係，學生的體能明顯下降，有不少學生在終點線前軟腳摔倒，我印象最深刻的畫面是：一個學生在終點線前二十公尺摔倒，在大家的尖叫聲中，他快速地爬起來，想要趕快衝過去，結果雙腳無力，再摔倒，最後只好艱難地用手去觸摸終點線……

沒有任何人想搞砸事情

很多人圍過去問他：「有沒有怎麼樣？痛不痛？」他搖搖頭。我想，對他來說，難過遠大於疼痛吧。

下午大隊接力，我們班一直寄予厚望，結果在倒數第二棒發生了「掉棒」，一路保持領先，卻在最後一棒被翻盤，班上同學失望的眼神顯而易見，掉棒同學的壓力可想而知。

不知道其他老師遇到這種情況會怎麼處理，但我選擇這樣對我的孩子說：「運動會結束了，大家都盡力把最好的實力拿出來，雖然結果不一定是你想要的，但如果你已經盡力了，那就釋懷地去接受這個結果。我很喜歡班上的氛圍，發生事情並不會有責怪情況。」

沒有任何一個人，想搞砸任何一件事情。

誰不想當那個力挽狂瀾的「英雄」，而不是拖累大家的「戰犯」。

如果失誤了，只有可能是運氣不好或實力不夠，無論如何，都不該承受指責或譏笑，因為他已經做出當下最大的努力。因為他也不想搞砸這一切，他也只能接受結果，而你可以選擇如何對待他。

我很希望你們都體會一次「掉棒」

拍照時，大喊老師好帥，雖然我們都知道這一段是開玩笑，但也會讓我開心好一陣子。之所以說這個，不是要你們一味甜言蜜語，哄老師開心。而是想告訴你們：「讓人開心」或「讓人不開心」，是可以選擇的，如果可以，真希望你們可以選擇「讓人開心」的那一個。畢竟這個世界，讓別人不開心的人已經太多了，何必再多加你一個呢？

如果可以，我很希望你們都可以體會一次「掉棒」，因為這樣就會懂，不管摔得多慘，最在意的不是身體的疼痛，而是接下來如何面對同學的眼光，即使同學不責怪，自己都會悔恨得不得了。有些事情不經歷過，也很難同理。

因為「掉過棒」，你會能同理低谷者的心情，因為「不想再掉棒」，你會更努力握緊屬於你的接力棒，也會更努力鍛鍊自己，並期待下一次的挑戰。

或許有人想問：「講這麼多，你『掉棒』過嗎？」

當然有。不管是比賽的跑道，還是人生的賽道，我都曾經很嚴重地摔倒、掉棒過，而我很幸運地遇到許多溫暖的人，所以才有機會這樣說著故事。

長大後，你們就會明白，人生哪有不掉棒。差別只是「有人只是掉棒，有人卻從掉棒中，領悟並做出改變」。

你的土撥鼠是什麼？

學測成績、好科系，當然很重要。但絕對不是「唯一重要」。當你能客觀來看，是不是就能夠比較不那麼患得患失？

「我明明知道要認真，可是就是沒辦法專心。」

「我越讀越慌，好怕又跟會考一樣，但越緊張越讀不下。」

隨著學測逼近，很多孩子過來找我聊天。很有默契地，這樣的對話重複出現。這些孩子因為太過在意，而變得患得患失，看著他們，不要說無法發揮真正的實力，再這樣下去，可能「事故」來得比「故事」更早。

土撥鼠變成兔子

我記得《底層邏輯》的作者劉潤說過一則故事：有三隻獵犬追捕一隻土撥鼠，走投無路的土撥鼠鑽進了樹洞，樹洞只有一個出口。突然間，從樹洞鑽出了一隻兔子，飛快地爬上了一棵大樹，但兔子在樹上可能太緊張了，一不小心沒站穩，掉下來正好砸暈了正仰頭看的三隻獵犬，最後兔子就順利逃脫了。

這則故事哪裡不合理？

學生通常會說：「兔子不會爬樹；一隻兔子不可能同時砸暈三隻獵犬。」這則故事雖然沒有邏輯，但還是有少數人能說出最重要的那個「關鍵」。

最重要的關鍵是什麼？

因為熱愛而發光發熱

再舉個例子，我有一件帽T很好看，是學生會出的紀念T。但其實剛拿到時，很討厭它。因為比我想像中厚很多，而拿到時正值夏天，以台南的天氣，我原以為這件衣服可能會終老在我的衣櫃裡。正心想為什麼不做正常厚度的？為什麼要做得這麼厚重？結果到了寒流時節，我發現它很好穿，而且也好看。

現在的高中生必須學習很多科目，所以也經常花大部分時間彌補自己的短板，可是到了大學後，就可以把大部分時間，放在長板上。所以很多同學或許高中不出色，但我們都可以預想得到，他大學以後，很可能能找到適合的領域，因為熱愛而發光發熱。就像這件帽T，遇到了寒流，在我眼中就非常出色。

你當前的人生目標是什麼？

回到一開始三隻獵犬的故事，最重要的問題是：土撥鼠到那裡去了？

土撥鼠就是「一開始的目標」。很多人面對複雜多變的環境，常常走著走著就忘了自己為何而出發。問自己：你的土撥鼠是什麼？是大學學測嗎？是考上一所能力所及、最頂尖的大學嗎？應該不是吧。

你的目標應該是更棒的人生。

在這個人生目標下。學測成績、好科系，當然很重要。但絕對不是「唯一重要」。或許你想問：「現階段的目標不就是學測成績嗎？」「難道努力這麼久而考差了，不就是努力都白費了嗎？」

不是的。你的目標應該是「對得起自己」，該關注的不是分數高低，因為有太多不可控因素。當你關注分數，便會焦慮，如果關注的是學測結束後，能不能驕傲地告訴現在的自己：「我對得起自己，我一直沒有放棄。」這就是可以控制的，有時候人生賭的就是一個「不遺憾」。

至於所謂的「努力都白費了」，看過這麼多孩子，我認為「所有的努力都不會讓你失望，只有期待立即的回饋才會」。

調整一下關注的角度，放下期待去相信、去努力，總有一天一定會感謝那個不知道怎麼辦，卻依然傻乎乎努力的自己。

旅程的祕密武器

有些孩子就像平滑的球面，一路順遂，前半段衝得非常快，但之後壓力的差距，常會讓他們承受不了……

學測時，每年總會有些在校成績非常優異的學生，但模擬考開始失常，甚至頂不住壓力而崩盤。當然也總會有些孩子，高中前兩年成績起起伏伏，大考卻以黑馬之姿，飆出非常亮眼的成績。

並不是要以成敗論英雄，但如果時間拉長來看，在校表現和之後人生的曲線不相符，這樣的例子其實也不少。

二〇二二世界盃指定用球「旅程」，報導說是至今為止，飛得最快最準確的比賽球，怎麼做到這點的？據說設計師們經過大量「風洞實驗」，在足球表面設計了各種凹陷，讓足球變得凸凹不平。

或許大家心裡會疑惑：要飛得快，不是越光滑越好嗎？空氣的阻力才會小啊。事實上，光滑的球面空氣阻力真的比較小，但特別光滑的足球，空氣經過足球，會因為過快與足球分離，在足球後方形成一個低壓區，前後的壓力差，反而使足球的阻力變大。

而表面粗糙的「旅程」，會讓一些空氣附著在足球表面，身後的低壓區較小，前後的壓力差縮小，足球就能飛得更遠。其實高爾夫球，表面坑坑窪窪，也是為了讓阻力更小，飛的更遠。

當然有優點也會有缺點，可以預見「旅程」在草地上帶起球，應該會比光滑的球面費勁，「旅程」是犧牲地面的速度，換取空中的破壞力。

人生也是這樣。有些孩子就像平滑的球面，一路順遂，前半段衝得非常快，但之後壓力的差距，常讓他們承受不了，造成表現雪崩似崩落。

也有一些孩子，前半段走得跌跌撞撞，表現沒有前面說的孩子那般亮眼，就像「旅程」的球面一樣，在地面跑或帶，依然非常費勁，但當他們有機會飛行時，我們才會發現以往的那些坑坑窪窪，反而造就了抗壓性，讓他飛得更遠更快。

長大以後我們都知道，有時會羨慕別人的光鮮亮麗，不懂為什麼自己必須遭遇這些磨難？因為當有機會乘風而起時，你要破風急行，需要這些磨難，到時候便會感謝這些過往給的磨難。有可能是環境，也可能是對手，因為有他們，才能走得更穩健、更長遠。

不要逃避，別在該努力時選擇安逸，如果現在覺得非常辛苦，前進困難。恭喜你，你可能正踏上旅程的成功模式。要相信臨門一腳終將出現，你的「旅程」也將御風而行。

幸福往往不是精心挑選的結果

好的關係不是「精心匹配」出來的，而是「努力建構」出來的，如果要探討你和會考成績之間的關係也是如此。

我國中就讀的學校是一所很特別的學校，對升學成績非常看重，我記得當時排座位時是依成績名次，以七排座位為例，中間的五排座位以成績名次排好，老師只要看你的座位，就可以知道你上一次段考的名次，而成績最差的十二個就只能恥辱地坐在最旁邊兩排。

鄰居的紅榜單與鞭炮聲

而我就曾經坐過好一陣子的「旁邊兩排」，那陣子整個人就像是被困住一樣，覺得自己用功了但成績就是一直上不來，常常吃著便當就有想哭的衝動，覺得自己來學校就只會吃便當。

或許有人覺得很誇張，但也不知道為什麼，當時的我真的只有這樣的感覺。可能是家中三個孩子只有我比較會讀書，也知道爸媽對自己的期待，但就是沒有辦法去回應這個期待。直到國二升國三那年暑假，我們國中有一個傳統，如果有人考上第一志願，學校就會帶一串鞭炮還有紅榜單去你家貼紅榜單還有放鞭炮。聽到鄰居的鞭炮聲，我問自己明年輪到我了，如果不做出改變，明年絕對是放不了鞭炮的。

我決定用最笨的方法讀書。每天五點下課，回到家吃個飯、洗個澡休息一下，六點開始讀書讀到十點去睡覺；隔天五點再起床讀到六點，這段時間主要是背東西，每天五個小時，六、日會更多。國中的課程程度每天五個小時以上，成績一定能有大幅進步。

幻想聽見屬於我的鞭炮聲

我記得當時自己可以衝到了全校大約二十名，我們國中每年大概有三十個人可以考上第一志願，所以爸媽和我都很期待。結果高中聯考一放榜，我沒有考上第一志願，記得當下真的很難接受。有好長一段時間，常常幻想有一個按鍵，讓我可以重新回到高中聯考，讓我可以修改做錯的那幾題，然後考上第一志願，聽見屬於我的鞭炮聲。

現在回頭看，覺得當時的自己真傻，我以為考上第一志願，自己的人生應該會很不一樣，可是長大後才發現，這真的只是人生的一小段過程。

印象比較深刻的是，有好幾個同學當時以高出第一志願錄取標準不少的分數來讀我們學校，他們高一上學期沉浸在成功的喜悅，但等真的回過神才發現，已經趕不上其他同學了。而我因為沒考上第一志願，戒慎惶恐地努力著，高中成績始終保持得還不錯。我常在想，或許高中聯考失利，反而讓我的高中學習更順利。

定義你人生的結論是什麼？

有一個很有趣的研究報告，講的是「關係學」。這個有科學根據的研究報告探討的主題是「一段關係的幸福感」，我們常常覺得一段好關係，最重要的是找到「那個對的人」，這個研究報告卻發現，一段關係是不是幸福，對方的個人素質占了五％的比率，你自己的個人素質占了一九％比例，而占了最大比例四五％的是「你們兩個在關係中的行為」。

也就是比率大小順序是：「對方是什麼素質」小於「你是什麼素質」小於「你們在關係中的互動」。

你和會考成績之間的關係

好的關係不是「精心匹配」出來的，而是「努力建構」出來的，而這個結論不僅在兩性關係是如此，在很多關係上都是可以成立的。如果我們來探討你和會考成績之間的關係，那麼它們在你的人生重要性是：「你的會考成績」小於「你自己真正的能力」小於「你如何看待成績以及之後做了什麼」。

會考成績公布，結果或許讓你不滿意，但考試其實是一個參考值，一個很重要的提醒，但絕對不是可以定義人生的結論。就像那個研究報告所提醒的，最重要的絕對不是會考成績。

很多時候重要的不是遇到了什麼？而是怎麼看待遇到的，還有更重要的是，「之後你做了什麼」。所有的問題都是關係問題，一段幸福的關係，絕對不是「精心挑選」的結果，而是「努力構建」的成果。

困境不會困住你，而是會……

很多時候不是比你有「多強」，而是比你有「多想」，只要態度對了，不斷累積實力，總會到達爆發點時。

我的高中同學都很優秀，有一位同學叫「牛仔」，不是因為他的外型粗曠或個性超酷。相反地，他的外型斯文有書卷氣息，叫「牛仔」其實只是因為他姓「劉」，住的村莊叫「劉厝」。

班上常開玩笑說他是「田僑仔」，我不知道他家多有錢，只知道他總是笑容滿面，更是標準的學霸，每次考試幾乎都是班上第一名，就算失常也不會掉出全校三十名。在我們那一屆，一大堆怪物的戰場上，真的很厲害。

「田僑仔」其實不是「田僑仔」

在我們眼中，「牛仔」也是怪物等級，只是沒想到他最大的失常卻發生在聯考，只考上頂大機械系。後來聽說花了三年在職拿到博士，現在在南部最頂尖的大學任教。而一直以為家境優渥的他，除了聯考那次的失利，人生都是順風順水，直到後來才發現事情並不是這樣的。我曾問他當初聯考考差了，有沒有考慮重考？他說：「沒有，一方面是經濟不許可，一方面是也還可以接受。」

他表示自己的爸爸是計程車司機，沉迷賭博欠了一屁股債，媽媽只能到處借錢。國小畢業旅行，全班只有他沒有去，因為沒有錢。而國小寒暑假都需要幫忙做家庭代工，排日曆、整理藥草。

我也一直很好奇他為什麼沒有去竹科工作，他說道：「其實我一直喜歡當老師，只是大哥、大姐因為家庭經濟壓力，只能選公費師專，所以當下不想再選師大，想去外面闖一闖。我也曾經去竹科實習，但發現那不是我想要的生活，所以修了教育學程，延畢了一年再加實習一年。只是沒想到畢業時，政府政策大轉彎，很多高職都轉成綜合高中，幾乎沒有職缺，所以才去工研院工作八年，後來到大學任教。」

態度對了，很多事情都可以做得成

他接著說：「這麼多年，有一件事很重要那就是『態度』，機械並不像資工寫程式，遇到特別天才的人會突然產生大進步。我們的東西需要不斷累積、進步也不快，其實能力的差別是有限的。但如果態度對了，很多事情都可以做得成。能力比你強的人一個小時做得好的事情，你能力稍弱，三個小時還是可以做成。重點是心態要好，不要期待付出馬上獲得回饋。」

我好奇地問他，如果可以回到過去的某段時間，會想跟那時候的自己說些什麼？他很誠實地告訴我：「我沒有想過這個問題。可能我比較現實吧，覺得很多事情努力去做，最後結果通常不會辜負你，困境不是給你當下看的，而是讓你走過後回頭看的。就像我想當高中職老師，卻沒辦法考上，被逼得一定要往前走，最後來到大學教書。我任教的第一所大學，會錄取我是因為我有業界經驗，這些彎路反而讓我學到更多能力，得到了比原先期待得更多。如果真要說，我可能會跟那個拚命做研究的自己說：『這樣燃燒，你的學術成就會很不錯，可是你的身體會垮掉。』我還會告訴他：『多花點時間照顧自己的身體，而不是只專注於目標，犧牲了太多的東西。』」

不斷累積實力，總會到達爆發點

他告訴我，因為覺得過去浪費太多時間，拿到博士後拚命追趕研究進度，每個禮拜有四天睡在研究室。雖然拿到了吳大猷先生紀念獎，但因為太過燃燒，現在偶爾會莫名地頭暈。我這才知道，很多人不知道他在輕鬆笑著時，背後付出了多大的努力，現實世界是沒有人不辛苦，只是有人不喊疼。

有時候很努力想要得到一個東西，但上天偏偏像是跟你開玩笑似地讓你一直拿不到，很多時候不是不給你，而是準備了一個更好的禮物在後面。給你的那些考驗，並不是阻礙你前進，而是為了培養能力的練習。很多時候不是比你有「多強」，而是比你有「多想」，就像我同學一直說的，只要態度對了，不斷累積實力，總會到達爆發點。

其實人生回頭看，多個幾分少個幾分對未來的你並不是影響最大的，重要的是努力了、也盡力了，心態對了，很多事情就會容易了。

不是你做不到，只是你還沒做到……

人生好像在攀岩一樣，因為妳一直增加能力的握把，短期看起來好像左右搖擺，但長期來看，方向和你想要的其實差不多……

有個學生回來找我，當時她的目標是警大，第一年大考時差了一些，考上成大、政大。她打算重考，問我的意見。我問她，要上重考班還是自己念？她表示要自己念。我告訴她沒有不行，但以往學姊的經驗，自己念的，可以考到自己目標的，大概是十個只有一個……

我永遠記得，她笑著對我說：「老師，我相信我會是那唯一的一個。」

難免遺憾，但不代表挫敗

看著她，我竟然莫名地相信了。雖然第二年她還是差了兩名落榜，但在她身上，我看到了一個很棒的人格特質：過程中，她沒有沮喪，雖然難免有些遺憾，但是她知道大考的挫折，並不能代表她這個人的挫敗。

大學四年間，她過得非常精采，打工、球隊、課業、社團、男朋友、教育學分……常多工處理事情，問她為什麼有辦法同時做好這麼多事情？她說：「我也不太知道，應該是『越忙越有效率』吧。」畢業後，她考上了台大研究所，在讀研究所期間，她到台北的高中兼課八節課，又考上了調查局……

她的成績在我的班上並不是特別優秀，但因為她有一個很正向的人格特質，所以越到後面，走得越扎實。就像她對我說的：越忙越有效率。

我開心地告訴她：妳的人生好像在攀岩一樣，因為一直增加能力的握把，短期看起來好像左右搖擺，但長期來看，方向和想要的其實差不多……

被譽為本世紀最偉大的導師馬歇爾．葛史密斯（Marshall Goldsmith）曾經說過：

What got you here, won't get you there.

今天可以把你帶到成功的能力、經驗，不一定有辦法，把你帶到明天的成功。

Fake it until you become it.

假裝它直到你變成它，去相信自己做得到。

最重要的是分清楚「事」與「人」

想像自己是這樣的人，而成為這樣的人該做什麼事，就去做哪些事，直到自己變成這樣的人。當然只有相信並不會讓你成功。就像義和團即便相信神功護體，還是被八國聯軍打得亂七八糟……

最重要的是分清楚「事」與「人」，這件事情沒辦成，當然要改進後下次做好。但這絕不代表你這個人「不成」。很多人抗壓性差、輸不起，常常是因為他們沒有把人和事分清楚。一件事情失敗了，就覺得好像整個人都失敗了，整個世界都崩解。所以害怕嘗試，甚至輸不起。

真的沒有那麼嚴重，長大後我們都知道很多時候當我們無力地喊著：「我真的沒有辦法！我做不到！」時，其實「不是你做不到，只是你還沒做到」。

我永遠記得那一條亮晶晶的……

有時當下覺得不舒服的事情，當你走到最後回頭看，卻發現因為有這些轉折，成了一則更好的故事。

前幾天回鄉下整理相簿，剛好看到一張照片，便笑著對兒子說：「就是這個，沒想到我把它放在這裡，這是你人生第一次上報紙。」兒子說：「我是睡得很安詳的這一個嗎？」我笑著說：「當然不是，你是旁邊哭得很委屈的那一個……

趣味十足的「寶寶相撲比賽」

在兒子九個月時，心想幫他留個紀念，讓他去報名寶寶爬行比賽。結果居然超過年齡限制，不死心努力查了一下，發現適合他的只剩下「寶寶相撲比賽」。心想也可以，就報名了。到比賽前這段時間，每天回家最大的娛樂及任務，就是陪他練習推推，模擬比賽情況。

到了比賽當天，在高雄一家百貨公司的戶外廣場，所有小朋友包著贊助廠商的尿布，兩個一組，坐在5×5的海綿墊上推推，誰超出海綿墊就輸了。第一場比賽，兒子遇到的對手是一個塊頭和年紀比他大不少的男孩，毫無懸念地，兒子就這樣一直被逼迫到邊界。

眼看就要出界了，我站在兒子的背後，看著對方的媽媽瘋狂鼓勵叫好，心中只有一個想法，等一下要怎麼安慰兒子。突然，這位「可敬的對手」笑呵呵地站起來，搖搖晃晃笑著走向媽媽，就在對手媽媽及裁判錯愕的表情下，我兒子贏得了第一場比賽。你沒看錯，因為他比我兒子先出界了。

小孩的哭聲與大人的笑聲

這應該是我人生第一次深刻體驗到：對孩子瘋狂的鼓勵正增強，有時會導致意想不到的反效果。經過這次比賽，我突然發現這個比賽的祕訣重點不在於讓對手更早退出比賽，而是比對手更晚離開比賽。

心想兒子只要能執行這個套路，或許就可以一路「撐」到冠軍，拿到最大獎「一年份的免費尿布」。就在我喜滋滋地幻想時，卻不知道想通這個道理的不僅是我，還有兒子的下一場對手，一個把這個套路完美詮釋的「神對手」。

第二場比賽，對手是一個圓嘟嘟的小男孩，相當符合這次比賽的主題，裁判說開始後，卻發現兩個人都沒有動作。正當大家覺得疑惑時，才發現兒子的對手竟然單手撐地，在比賽現場睡著了，我還看到「亮晶晶的一條口水掉下來」。

而兒子因為從沒遇過這種情況，不知所措下就哭了。可以想像那種畫面，一個圓圓的、睡到流口水的小孩，另外一個不知所措而大哭的小孩。現場小孩的哭聲、大人的笑聲，還有一個不是很清楚的打呼聲。主辦單位把這個畫面拍下，後來變成報紙上一個吸睛的版面。

所有安排都是最好的安排

我記得當時裁判提醒：如果兩個人都不動就都失去比賽資格，我們跟對方家長商量，能不能把小孩叫醒，對方家長不願意，因為他們已經立於不敗之地。當然事情不能盡如人意，最後兩個都被取消資格。

當下其實有點生氣，雖然能理解對方的想法，但還是覺得有點不甘心。可是現在回頭看，卻覺得這一切都是最好的安排。原本希望幫小孩留下一些紀念，原本只是自己的影像回憶，現在因為遇到了有趣的對手，讓兒子有機會多了一個上報的回憶，還有一則有趣的故事。

人生就是這樣，有時當下覺得不舒服的事情，當你走到最後回頭看，卻發現因為有這些轉折，成了一則更好的故事。

就像我那時覺得是那個小孩讓兒子喪失了比賽資格，可是事後我卻發現，他送兒子一個更大的禮物。所有安排都是最好的安排，如果不是，有可能是你還沒走到最後。

挫折不是用來阻礙你前進

人生本來就是這樣，面對困境的解決，一種就是環境改變了，另外一種就是心境改變了。

記得兒子剛出生時，平均大概兩個小時要喝一次奶，每次餵完奶，還要為他拍嗝，覺得才剛躺下又到了餵奶時間，到學校幾乎都是累趴。那時我忍不住問一個有經驗的老師，這樣的日子還要持續多久？他伸出兩根手指頭說：「兩個禮拜。」我驚喜交加地問：「兩個禮拜孩子就會作息正常了嗎？」他看著我說：「當然不會，但是你會習慣。」

開始問自己，還要繼續嗎？

我在某天跑步時突然又想起這件往事，今天早上起床飄著小雨，心想要不要現在跑？還是晚上再跑？轉念一想，現在有空不跑，晚上不一定有空，才跑幾百公尺，雨卻越下越大，大到讓你絕望的那種。開始問自己，還要繼續嗎？

記得有句話說：「一場大雨有人只是淋濕，有人卻能從中領悟什麼，如果想領悟什麼，你就必須跑入大雨裡面去淋濕。」

我默默告訴自己，再跑一陣子，如果真的不行就回家，反正洗個熱水澡應該就會好多了。我就這樣跑了一陣子後，大雨變小雨，最後雨停了，空氣中瀰漫著一股清新的味道，氣溫適宜，是最近跑得最舒服的一次。我一邊跑一邊想，其實人生難免會有幾場大雨，它並不是真的要阻礙你出發前進，只是用來確認你是不是一個容易放棄的人。

還好我選擇現在出發

更重要的是，不要以為這只有一場大雨。就像那場大雨過後，舒服一陣子又出現了另一場大雨。人生也是這樣，大雨過後，不一定就是一直晴空萬里，有可能會大雨不斷，直到你接受它，或有能力承受它。人生本來就是這樣，困境的結束，不是環境改變了，就是心境改變了。就像我同事說的，困境不會再是困境，因為會習慣的，因為你變強大堅韌。

那時跑完後，我非常舒暢地告訴自己，還好我選擇現在出發，而不是等到晚上。我被淋濕了，相對地也領悟了一些事。記得有人說過：「做任何事最好的時機有兩個，第一個還沒有出現（很可能你等不到），第二個就是現在。」

記得想做什麼就去做，現在永遠都是最好的時機。因為最好的那一個，你永遠不知道何時會出現。

謝謝這段時間一直堅持努力的你

只是希望考試後的大家，可以抬頭挺胸地跟現在的自己說：「謝謝這段時間，一直堅持努力的你。」

每次學測剩下不到一個月時，學生心情都很浮動，有人越讀越慌，甚至有人想讀卻讀不下去。

我喜歡跑馬拉松，可是卻從來沒有上過凸台領獎。最接近凸台的一次，是我狀況不錯，可是天氣真的太熱，加上最後有一段令人絕望的長上坡，最後我放掉了，用走的，沒想到成績退步了，但最後的名次卻是第十一名。

前十名都可以上凸台領獎，也就是說，如果我沒有放掉，再多堅持一些，我不僅可以進前十名，甚至可能可以到第八名。而這就是歐陽立中老師說的：「人生最大的遺憾是，我本可以。」

世界稀缺的從來不是土地

有好長一段時間，我都很自責，為什麼當時不再多堅持一點。雖然這只是小事，上不上凸台，對我的人生可能不會有直接影響。但我知道學生在考試前的情緒浮動太大，明知道要讀書卻讀不下，甚至有人會阿Q地告訴自己：「反正一定都有大學，就算頂大出來也不一定有好的工作。」

住台南的人都知道，安平頂美的房價很高，但是其實這裡大部分都是漁塭填補起來的；台南市東區虎尾寮位於地震帶，可是地價卻高得離譜，台南沒有其他地了嗎？當然不是，台南還有很多空地，那為什麼需要去填地或把房子蓋在危險的地震帶？因為這個世界稀缺的從來不是土地，而是「位置」和「連結」。其他的空地當然能蓋房子了，可是「位置」不好，關係「連結」不夠，所以大家寧願選擇填地，也不願去哪些空地蓋房子。

當你不累時才需要擔心

沒錯，一定有大學念，就像土地一定都有，重點是位置及連結，選擇哪個位置，四周環境的連結，朋友、眼界、自我要求也會有所不同。如果當初我努力到最後，就算沒有得名，我也會欣慰接受，因為我盡力了，對得起自己。

為什麼那一場我的名次會那麼前面？不是因為成績好，而是大家的成績都普遍不好，因為天氣熱，長上坡時很多人放掉，就像考前的一些學生。其實大家都很累，都想放掉，這時如果能不放掉，你就有機會往前。很多時候當你覺得很累時，其實代表正在上坡，我們都知道「人生最好走的路就是下坡路」，當你不累時才需要擔心。

只是希望考試後的大家，可以抬頭挺胸地跟現在的自己說：「謝謝這段時間，一直堅持努力的你。」

我們只是把問題再說一次

大人因為顧及「社會化」的禮貌，往往不會繼續追問，甚至更多時候，大人需要的只是一個「回答」。

在伽利略的年代，大家相信重的東西降落速度比輕的快，如果你是伽利略，除了真正做一個嚴謹的實驗，你要怎麼說服大家相信，重的跟輕的降落的速度是一樣快？

錯把「定義」當「理由」

黃執中說過一個很有趣的看法：「很多時候我們並沒有回答問題，

我們只是將問題再說一次。」

例如：我問你「為什麼樹葉長得都類似？」你回答因為「適者生存」；我問你「為什麼反對死刑？」你回答「因為國家不應該殺人。」發現了嗎？我們並沒有真正回答問題，因為我們錯把「定義」當「理由」了。這樣的對話在日常生活中很常出現，也是小孩子會一直追問「為什麼」的主因，因為我們很少真正回答問題。

大人因為顧及「社會化」的禮貌，往往不會繼續追問，甚至更多時候，大人需要的只是一個「回答」，而不是真正的「答案」。要精準地回答出使人信服的理由，就需要數學思維的引入，「人生一切困擾，數學給你答案」。

有時我們好像繞遠路了……

伽利略說過：「想像兩個東西，一個重一個輕，中間用一條很輕很輕的繩子（重量相對之下可忽視）綁在一起，當他們一起墜落時，重的會把輕的往下拉，輕的會拖住重的，所以速度應該介於輕重之間。」

但如果只看重量，兩個加在一起更重，所以速度應該比重的還要快。如此一來，就出現了矛盾，只有假設掉落速度一樣快，矛盾才會消失，這真的是無比優雅、抽象思考的證明方式。沒有任何實驗操作，只有邏輯推理，而這也就是高中數學常用的「反證法」，若P則Q，~Q則~P。證明的過程看起來好像繞了遠路，其實後面會證得比較輕鬆。

人生又何嘗不是如此，有時我們好像繞遠路了，後來才知道，這段道路讓我們看到了更多風景，得到更棒的故事。培養更強的能力，或許「繞路」才是最適合我們的路。

重要的是你怎麼看待你的遇到

我們常常說「危機就是轉機」，那為什麼有人可以把危機變成轉機，有人卻總是不斷的遭遇危機？

有則故事內容大概是這樣：有一個神父，非常虔誠地信奉上帝，也相信上帝無所不能。有一天下大雨，教堂開始淹水，村民跑過來對神父說：「這裡太危險了，快跟我們離開吧。」神父說：「不用，我相信我的上帝會來救我的。」過了不久，水淹入了教堂，神父躲上二樓，村長划著救生艇對神父說：「神父這裡太危險了，快跟我們離開吧。」神父還是說：「不用，我相信我的上帝會來救我的。」村長只好無奈地離開。水越淹越高，神父只好狼狽地逃到頂樓了。這時救援隊的隊長搭乘直升機，伸出手對神父說：「神父這裡太危險了，快跟我們離開吧。」神父：「不用，我堅信我的上帝會來救我的。」最後教堂被水淹沒，神父上了天堂，生氣地對上帝說：「我這麼相信祢，為什麼沒來救我……？」

上帝：「我有啊，否則你以為村民、村長、救援隊的隊長是誰扮演的？我以為你不想走路，所以我開船，最後連直升機都出動了，你還要我怎麼辦？難道要我真的以這副模樣出現在世人面前嗎？」

想釘釘子就只能找鐵鎚？

小時候看到這種故事，就覺得它只是一則笑話，覺得神父真是太食古不化。長大以後發現，其實很多時候，我們都像這個神父一樣，當陷入認知窠臼裡，就會覺得問題的解決方法只有一個。就像想釘釘子，就認為只能找鐵鎚一樣。

劉潤講過：「知識、技能、態度。知識可以學到，而技能則學不到，它只能習得，也就是透過練習才能得到，所以我們常常說學習、學習。那態度呢？就是你看這個世界的眼光，我們常常說一個人的格局，其實就是一個人面對世界的態度，最難的其實也是態度。」

每個人心中總會有幾扇門，無論外界怎麼衝撞都打不開，它必須靠你自己，由內而外的打開才能改變，這些都屬於態度。它沒有辦法直接學習，但是可以透過學習慢慢鬆動、改變。

我們常常說：「危機就是轉機。」那為什麼有人可以把危機變成轉機，有人卻總是不斷的遭遇危機？

重要的真的不是你遇到什麼

美國舊金山有一個熱門景點，叫作漁人碼頭。在那裡可以吃海鮮、購物、無敵海景，還可以看可愛的海獅。一開始那裡只是一個漸漸失去功能的碼頭，後來舊金山大地震突然引來了很多海獅，這些海獅造成了碼頭的船進出非常大的困擾，怎麼辦？牠們又不想傷害海獅。

當時的人們做了一個決定，順勢而行，有所作為。海獅很喜歡曬太陽，所以他們就搭建很多木排，讓海獅可以上來曬太陽。一整排的海獅在岸上曬太陽，那圓滾滾、可愛的萌樣，相當療癒，吸引了大量觀光客，帶動了當地整體繁榮，經濟效應不知翻了多少倍。

很多時候，上帝真的會以很多「不同的樣貌」出現在我們面前，教我們需要學習的，還有人生一定要學會的。其實走過以後我們都知道，很多時候，重要的真的不是你遇到什麼，而是你怎麼看待你遇到的。

改變不是沒有發生，只是還沒有發現

我很喜歡一句話：「真正的英雄主義是認清了生活的殘酷以後，依然熱愛生活。」

我有一些朋友的小孩都非常喜歡看《哈利波特》，他們在十一歲的生日最大的心願，就是可以收到霍格華茲的貓頭鷹送來的入學通知來信。

當然我也很喜歡看哈利波特，可是在七集中，我最不喜歡第三集《哈利波特：阿茲卡班的逃犯》，也說不上為什麼。直到最近重看電影版，哈利無助地說：「根本什麼都沒有改變，即使這麼努力了，一切還是沒有改變。還是讓背叛者蟲尾跑了，天狼星還是有罪，只能繼續逃亡，路平你教得這麼好，卻不能留在學校繼續教我們，所有的努力都是枉然的。」看到這，我終於瞭解就是這種和前兩集不同的沉重感，讓我不喜歡第三集。

可是真的什麼都沒有改變嗎？

可是長大後你會發現，這種無力感才是現實。就像有的學生會對我說：「老師我很認真算數學，最後考出來的成績，跟同學用猜的分數差不多。有一次他對我說：『我用猜的分數比妳認真讀還要高。』那一次我忍不住哭了出來，不只是因為考不好，更是因為我覺得好不甘心……』」

我對她說：「我永遠記得自己國三那年很努力，終於在模擬考進入全班的前十名，滿心以為這次一定可以讓老師對我改觀，可是老師拿著我的成績單是這樣說的：『運氣不錯，只是我不知道你聯考運氣有沒有這麼好？考的剛好都是你會的。』」沒想到，老師一語成讖，我的高中聯考真的沒考好，說沒有不甘心是騙人的，但是真的沒有改變嗎？

如果只看當下的結果好像是這樣，努力後考出的成績和隔壁用猜的同學差不多。我努力了這麼久，還是沒有考上第一志願，哈利波特那麼努力，還是沒有辦法讓天狼星洗刷冤情、讓路平留在霍格華茲。可是真的什麼都沒有改變嗎？

努力讓很多改變正在啟動發生

我記得鄧不利多是這樣回答哈利的：「人和這世界的互動，是一個很微妙的魔法，有些事情發生了變化，不是在現在表現，而是會在未來呈現。我只能告訴你，你的努力讓很多改變，正在啟動發生，只是你目前還看不出來。請相信我，你以後一定會慶幸自己曾經做過這些事……」

很多魔法需要時間的醞釀，我不覺得兩三年後，你跟那個用猜的同學，結果還會是一樣。當年沒有考上第一志願的我，大學聯考也沒有考上第一志願，這些經歷讓我學會放下期待，去努力。這份禮物在我未來的工作中，真的沒有比考上第一志願差。

當一隻努力飛越森林再回來的鳥

想像一隻鳥，永遠停在森林裡與努力飛越森林再回來，看似沒有什麼變化，天空、森林看起來仍然一樣，但只有牠自己知道，因為努力過，一切都變得不太一樣。有時現實非常殘酷，非常認真準備指考的結果，可能和你放棄申請的結果差不多。可是經過了這段日子的努力，即使結果差不多，你會發現事情已經變得不太一樣了……

其實長大以後你會發現：「這個世界唯一不變的，就是一直在改變。」改變不是沒有發生，只是你沒有發現。

阻礙我們前進的不是事情的難度

原來真正巨大的不是哥利亞本人，而是大家想像中的哥利亞。長大後我們會發現，框住我們的往往不是能力的界限，而是對界限的想像。

「人總是在逃避命運的途中，和自己的命運不期而遇。」聽到這句話，腦海中第一個浮現的，就是伊底帕斯的故事，他為了逃避弒父娶母的預言，反而讓自己走向了不可避免的悲劇。

不喜歡的事情總是一再重複出現

有些人面對隨機性和不確定性會放棄理解，選擇相信神祕力量（宗教、學說）。如果以數學的角度切入，這就是大數法則的必然性，生命看似充滿了變數及偶然，但長期而言，卻有一種人生系統的必然性。隨機性是世界運行重要的邏輯，變動中常藏有不變性的必然結果。

很多時候，我們討厭某些人，想逃避某些責任，但不知道為什麼這些不喜歡的事情，總是一再重複出現，直到真正去面對它，否則便會一再出現，變成你的課題，直到你真的學會。就像我在環島時，心存僥倖，不願意學換胎，可是連續爆了四次，逼得我認真學會自己的課題。

其實走過之後我們會知道，我們一直在逃避的，不是事情的「難度」，而是自己的「恐懼」。恐懼就像《聖經》裡面的巨人哥利亞，大家一直覺得他是如此強大，不可能被打敗。這種先入為主的執念，將他餵養得更強大，直到大衛打敗了他，大家才發現他似乎沒有想像中巨大。

框住你的不是你體能的極限

原來真正巨大的不是哥利亞本人，而是大家想像中的哥利亞。現實生活中，也常有這樣的例子。例如，運動場上，很多大家覺得已經是人類極限的紀錄，不可能突破，讓很多人相信、接受，直到有一個人，能不設限地衝破這個極限。

有人說這是因為訓練的技術，各方面更成熟。我倒是覺得當你看到原來真的做得到，你才會發現原來框住自己的，不是體能的極限，而是你對自己想像的極限。那個本來不存在，卻被想像餵養出來的「極限」。

有時失去是為了……

有時候當我們失去了一些東西，當然會痛苦、惋惜，但無形中也騰出了空間，讓新的可能有機會進入、生成。

有一則關於黑莓機的故事：黑莓機曾經是具革命性、最先進的手機。過去的手機只能打電話，是黑莓機第一次讓人們可以用手機收發電子郵件，黑莓機的信箱跟電腦的信箱能夠直接同步。

也是黑莓機首次讓商務人士可以用手機辦公，好用又高效。而在二〇〇七年開始發售的 iPhone，當年並沒有立即打敗黑莓機。原因是：

iPhone 沒鍵盤。

黑莓機的忠實用戶都熱愛黑莓機的物理鍵盤，既快速又準確，他們覺得這才叫生產力工具。對比之下，iPhone 用螢幕打字的方式，讓商務人士不適應。

直到二〇〇九年，黑莓機仍然占據美國智慧手機市場的一半。可是到二〇一四年，黑莓機的市場就不到一％了。

「優勢」卻變成了「框架牢籠」

黑莓機的第一個錯誤是錯過了瀏覽器。早在一九九七年，iPhone 還沒出現時，黑莓機的某位工程師就提出建議，在手機上安裝一個瀏覽器，讓人們能用手機直接看網頁。但創辦人拒絕了。二〇一〇年，黑莓公司有人提議做一個手機和手機之間的即時通訊應用。這個提議其實很符合辦公規律，可以讓同事之間直接聯繫，比郵件方便許多。但黑莓公司的

CEO思來想去，還是拒絕了。為什麼他會一意孤行呢？

有人說因為黑莓機代表他的「身分認同」。

創辦人眼中的黑莓機就是一個用鍵盤打字、發電子郵件的生產力工具，他對其他所有事情都不感興趣。他只想為公司的鐵粉服務，殊不知手機的性質已經變了。

智慧手機早就不應該僅僅是個發電子郵件的東西了。曾經最引以為傲的「優勢」卻變成了困住他思考的「框架牢籠」。你可能會以為iPhone如此具革命性，是不是賈伯斯就很善於重新思考呢？其實也不一定。

重新幫世人定義什麼是手機

據說早在二〇〇四年，蘋果內部就有人建議賈伯斯把 iPod 做成手機。但是賈伯斯拒絕了，因為他認為 iPod 就是一個用來聽音樂的東西。iPod是iPod，手機是手機。賈伯斯很討厭手機，他曾經多次在會議上說：

「自己永遠都不會製造手機。」

但是人們最終還是說服了賈伯斯。

因為同事們顧全賈伯斯的身分認同。他們是這樣對賈伯斯說的：「是的，蘋果是專門做電腦的公司，我們絕對不會淪為手機公司。這一次我們不是『蘋果去做手機』，而是要做『蘋果手機』。我們要用蘋果的方式、去做一個『不同凡想』的手機，將重新幫世人定義什麼是手機。」

我們都知道，讓人否定自己是最難的，尤其是要否定自我價值，要承認自己過去的優點，卻反而會變成了困住自己的缺陷。這時候，就需要一點激烈手段。

破壞之後的建設潛力

一九四一年日本偷襲珍珠港，美國太平洋艦隊的戰艦基本上都被炸光了。但後來有歷史學家說，美國也因禍得福。

當時全世界的海軍都在猶豫：到底是繼續發展戰艦？還是發展航空母艦？但是，畢竟手頭還有很多戰艦，於是調整的速度變的緩慢。但是美國不一樣，戰艦在珍珠港全部被炸掉，只剩航空母艦了，於是乾脆只開發航母的戰鬥潛力。

值得一提的是，珍珠港事件後，很多戰艦上的工作人員就轉到其他地方工作。例如：軍樂隊就被派去做情報破譯。沒想到，這幫音樂家破譯密碼的工作居然做得有聲有色。長大後我們都知道，有時候當我們失去了一些東西，當然會痛苦、惋惜，但無形中也騰出了空間，讓新的可能有機會進入、生成。

或許很多時候現階段的失去、錯過，是為了下一個階段更美好的相遇。

我沒有辦法接受自己的不優秀！

你很努力在某件事上，卻沒有令你滿意的結果，或許只能代表你在這件事不行，但絕對不是你這個人完全不行。

曾有美國記者到聯邦監獄，調查犯人的平均服刑時間超過十三年，於是就寫了一篇〈法律太嚴苛〉的報導，消息一出，輿論譁然。可是法官卻站出來解釋：犯人平均刑期的時間只有三．六年。兩者差了三倍多，為什麼會這樣？是記者說謊嗎？

其實記者也是透過實地調查統計得出結論，只是刑期短的犯人很快就會被釋放出去，記者有更大的機率遇到刑期長的犯人，這就是有名的「觀察者悖論」。

有一個網路名詞叫「別人家的孩子」

有時候，我們認為的隨機取樣，其實一點也不隨機。有一個網路名詞叫「別人家的孩子」，很多父母覺得為什麼別人家的孩子這麼乖巧優秀懂事，而我們家的孩子卻……其實這也是一種「觀察者悖論」，只是因為你注意到的都是很優秀的孩子。不是你刻意忽略其他孩子，而是他們沒機會出現在你面前，所以很多時候我們會覺得，自己的孩子低於平均值。

我自己也很有可能曾經犯了「觀察者悖論」。過去曾有個學生回來找我，她是一個很優秀的孩子，頂大畢業後到國外留學回來，現在在大企業工作，在年輕部門負責一個全新的案子。每次看到她總是眼神發亮、笑瞇瞇的。但這次一看到她明顯變得不太一樣，不是變瘦而是整個人變小了一些。

她告訴我：「老師，我最近去看精神科醫師，我也開始吃藥了，大概已經半年。」我問她怎麼了？她回答我：「工作半年後，公司想開發一個新領域，我發現自己沒有辦法完成公司的期待，覺得自己很沒有用，原來我一點也不優秀。我發現常常會腦筋一片空白，盯著螢幕很久，然後就在螢幕前一直哭。有時候從公司離開後，也會在路邊突然失控地流眼淚。我覺得這樣不行，決定去心裡諮商，後來覺得沒有什麼效果，就去看精神科醫師……

我問她：「你們公司的績效考核很嚴格嗎？」她說：「也沒有，只是我主管和我周圍的人都很優秀，我沒有辦法接受這樣不優秀的自己。公司的人都知道我是國外留學回來的，對我充滿期待，我不能辜負這個期待。」

其實這就是典型的「觀察者悖論」，為什麼覺得別人都比自己優秀，因為不夠優秀進不了這樣的公司，即使夠優秀進入公司，以後扛不住也不會留下來，所以你才會看到的都是看似游刃有餘的前輩。

不需要成為別人期待中的你

阿德勒常講一個很重要的觀念：課題分離。你很努力在某件事上，卻沒有得到令你滿意的結果，或許只能代表是在這件事不行，但絕對不是你這個人完全不行。更何況很多時候，不是不行，只是你現在還不行。

令我印象深刻的是這個學生對我說，或許現在對我來講這不是一件好事，可是長遠來看，它或許是一則很棒的事。當時我腦海中浮現了《為自己出征》這本書。當主角承認並接納不夠強大的自己，開始流下眼淚，才把有辦法慢慢脫下那個緊緊束縛自己的盔甲，也才有辦法變得更加強大。

我記得她笑著對我說：「老師，你不用擔心啦。或許過一陣子我就會變回那個你熟悉的學生，我知道這種不會好那麼快，情緒常常會起起伏伏、反反覆覆。」我也笑著對他說：「我喜歡你回來找我，不是因為你是『我優秀的學生』，而是因為你是『我的學生』。你就是你，不需要成為別人期待中的你。」

《權力遊戲》中有句台詞：「勇敢不是不害怕，而是即使害怕仍然選擇勇敢向前。」

其實長大之後我們都知道，優秀從來不是從不被問題卡住，而是努力去找出問題的解決方式，並接納問題的存在價值。

不是成功來得太慢，而是放棄得太快……

每個人都有屬於自己的十字架，也許是你的學習或是責任，但正是這些沉重的負擔，但那是你不可逃避的過程。

我認識一個朋友，乾乾淨淨、很少化妝，蠻有氣質。處理事情也很有條理，不怕嘗試新東西，與她聊天會驚艷於她，對事物深刻的見解。就是全身上下充滿「優雅」氣息的女孩子。當時一直覺得她應該是家境很不錯，從小有很多資源，後來和她比較熟了才知道，原來她小時候曾遭遇很糟糕的事情。爸媽工作不穩定，小時候常常搬家，甚至常常繳不出學費，甚至中學時，曾休學一年去工作。

不是相信我一定會成功，而是相信

我問她：「我很好奇，這樣的環境妳到底怎麼長大的？而且還長得不錯。妳其實有好多理由可以放棄，是怎麼撐過來的？難道沒有想過，這些努力可能最後沒什麼改變嗎？」

她告訴我：「這樣的成長環境讓我比較不害怕變化或失去吧，因為變化與失去太常發生了。怎麼撐過來的？我覺得是閱讀吧，閱讀讓我相信，我可以得到想要的生活，只要夠努力。至於你說的擔心，我覺得還好，不是相信我一定會成功，而是相信不會後悔。」

網路上有一則漫畫：每個人都背負著一個沉重的十字架，緩慢而艱難地前行，途中有一個人忽然停下來，因為覺得這個十字架，太沉重了，就把十字架砍掉一塊，砍完以後他真的覺得，輕鬆了很多。有一就會有二，就這樣走了一段路，他又開始覺得沉重了，又砍了一截，是的，他又輕鬆了更多，甚至超越了不少人。沒想到走著走著到了前面，突然出現一座很深、很寬的懸崖，他完全沒有能力通過，這時候被他趕過的人都慢慢趕上來了。他們用背上沉重的十字架，架在了懸崖上，從容地走過去了，這個人也想這麼做，無奈他的十字架太短了。這時他才體會到，之前偷懶減輕的重量，是為了幫助他，度過難關的必要條件。

每個人都有屬於自己的十字架，也許是你的學習或是責任，但正是這些沉重的負擔，但那是你不可逃避的過程。

欲戴皇冠，先承其重

人生沒有捷徑，今天偷的懶都會成為明天打臉的火辣巴掌。

再說一則故事：據說有一頭馬與一頭驢，聽說唐僧要去西天取經，驢子覺得這趟旅程困難重重、太過辛苦便放棄了，而馬立刻追隨而去，經歷了九九八十一難，取回真經。驢問馬：「是不是很辛苦、危險嗎？還好我沒有去。」馬回答：「其實在我去西天取經的這段時間，你走的路一點也不比我少，而且還要被別人抽打，所以應該你更辛苦吧！」

其實我們都知道。努力或許不輕鬆，但混日子更辛苦，而且是「很難看的辛苦」，這種道理，是可以輕易想清楚的，為什麼還需要用一輩子去證明它呢？

有夢想卻沒行動，有野心卻沒能力，想放下又放不下，你的「願」最後都變成了「怨」。所以有人說：很多人所謂的迷茫，只是「清醒地看著自己沉淪」。

我那位朋友說：「不是相信自己一定會成功，而是相信自己一定不會後悔。如果沒有努力，那我一定會比現在更糟糕，我不想變成一個只能抱怨生活的人。有人說過，每個人的未來，都是用青春和汗水換來的，青春會在某一天失去，有的人會活成自己想的樣子，而有的人卻只能按他活著的樣子去想。」

那要怎麼改變？如果不知道要做什麼，先認真去對待每件小事，記得堅持努力，很多時候不是成功來得太慢，而是我們放棄得太快，快到成功，來不及追上，這世上最可惜的就是：很多人堅持到了深夜，卻放棄在黎明前。

寧願當一隻歷經八十一難的白龍馬，而不是對生活沒有選擇的驢子，因為這樣的人生熱血精采有故事，即使跌倒也很豪邁。每個人都背負著自己的十字架，每個人都會有「想放棄」時，最後差距只是在於有人「沒有放棄」。

就像我朋友說的：她賭得不是「成功」，而是一個「不後悔」。

輯 3

當你在十字路口

你需要有點鋒利

該放鬆時好好放鬆，該努力時甘願付出，很多時候你「甘願」了，你的人生會慢慢的「回甘」。

學生告訴我：「老師我想請假。」「為什麼？」我問。「因為我覺得讀不完，我想留在家裡自己讀。」「老師怎麼辦？我越讀，不會的越多，甚至很多時候，今天讀完了，明天就忘記了，有時候都不知道怎麼辦了。常常讀到一半眼淚就掉出來了。」學生連番說道。

老樵夫和年輕樵夫

隨著大考的逼近，這樣的對話在我耳邊非常高頻率地出現，這讓我不禁想起，歐陽立中老師說過的一則故事：

有個老樵夫和一個年輕樵夫。年輕樵夫身強體壯，也非常努力工作，可是他發現一件奇怪的事情，無論他多麼努力，收穫永遠比不上老樵夫，他覺得應該是他不夠盡力，所以又加長工作時間。結果，他的收穫還是比老樵夫少，甚至越到後面收穫還減少了。年輕樵夫終於忍不住去請教老樵夫，老樵夫對年輕樵夫說：「你知道我們兩個，最大的差別在哪裡嗎？」我停下來問學生說：「你們覺得差別是什麼？」學生無厘頭地回答：

A生：數學，一定是年輕樵夫的數學不好。

B生：老樵夫偷拿年輕樵夫的木材。

答案當然不是這些，在公布答案之前，我再分享一件小事：〇〇是一個有禮貌的小孩，羽球打得不錯，前幾天遇到他，問他：「你繁星是一％嗎？」他回答：「應該是。」我接著問：「我比較好奇你怎麼維持的？要維持一％壓力很大，尤其現在還要兼顧複習和進度？你是怎麼去維持和調適？」

他告訴我：「除了星期三打羽球，我就是跟著學校的活動走，學校有活動，就是我的調整時間。像運動會、畢業旅行，就讓自己放鬆，所以不會把書帶出來，活動結束後，通常我也會更甘願地繼續讀書。」

我知道大多數人會認為這是「個案」，這樣的例子應該不多吧？但教學生涯這麼多年，我可以負責任地告訴你，這樣的例子真的滿多的。該放鬆時好好放鬆，該努力時甘願付出，很多時候你「甘願」了，你的人生會慢慢的「回甘」。

花的時間越長，回饋就會越多嗎？

回到兩個樵夫的故事。老樵夫說：「我們兩個最大的差別在於，我每天回到家第一件事情就是把我的斧頭磨利。而你工作時間越拉越長，回到家倒頭就睡，你的斧頭當然會越來越鈍，一顆樹我砍五下就倒了，你的斧頭可能要砍二十下，甚至是三十下才會倒，一天下來，我的收穫量當然比你多。」

年輕樵夫不是不夠努力，而是努力的方式錯了，所以他的努力沒有得到相對的回報。你發現了嗎？這兩種情況非常類似。成績不如預期，有些同學是因為不夠努力，但有些同學，就是犯了跟年輕樵夫一樣的錯誤。拚命用功，單純相信「花的時間越長，回饋就會越多」。

但你們忘了把最重要的斧頭磨利，什麼是你們的「斧頭」？當然就是你們的大腦。那怎麼把大腦磨利？需要充分的睡眠和適度的休息。所有的醫學研究都指出，好的睡眠會讓大腦的運作更有效率。千萬不要犧牲睡眠，因為那等於犧牲效率。

尤其當你覺得自己的大腦已經進不了任何東西時，先停下來走一走。當它鈍了，你只是在低效進行，讀讓自己心安的書。想像一個沒打開杯蓋的杯子，再怎麼努力倒水，也不會增加杯子裡的水量。

想對得起自己，需要「不斷用力」；想不留遺憾，還需要「有點鋒利」。記得停下來問自己，是「不夠努力」？還是「不夠鋒利」？

這六年，我已經繞了地球九圈

如果有機會再重來一次，我還是會創業，因為我覺得自己在做一件有價值的事：更勇敢的去擁抱改變吧。

我有一位同學又高又帥，籃球打得超好，不但班排前三名，而且還很幽默，根本是男神等級。我們這些凡夫俗子同學，唯一能做的就是用更堅定友情的方式去拉近彼此的距離，所以決定幫他取一個綽號「狗屎」（台語）。

高中畢業後，他不意外地考上頂大熱門科系，最後台大電機博士畢業。畢業後沒幾年和朋友一起合夥開公司，年紀輕輕就當CEO，我們同學都覺得這不叫人生勝利組，什麼才叫人生勝利組，這也是我一直對他的印象。

背後的沉重及付出

但後來我才知道自己誤會大了。其實他的人生充滿了曲折，當他在北部全力打拚時，家人身體卻出了狀況，可以想像他是多麼辛苦，在打拚之餘還要擔心家中情況。公司在新竹，每天開車來回奔波，他說：「我六年開了三十六萬公里，你知道三十六萬公里是什麼概念嗎？地球一圈約四萬公里，也就是這六年，我已經繞了地球九圈了。」

我直覺問他：「為什麼不坐高鐵就好了？」他苦笑道：「沒辦法，這樣機動性才夠。如果有突發狀況，才能馬上處理……」雲淡風輕的一兩句話，到了這個年紀都懂這背後的沉重及付出。

我：「你都怎麼自我調適的？」他淡淡笑著：「跟你一樣。運動，我覺得是慢跑救了我，只是我沒有跑得像你那麼多……」問到他當初怎麼想到要創業，他告訴我：「其實這沒有在我的人生規劃裡，我比較喜歡做研究，當初有企業計劃支持，後來沒有了計劃，可是我們覺得東西已經快成熟了，這樣有點可惜，所以一股熱情投入創業。當然也覺得自己的技術很棒，東西也生產得出來，被一些大醫院採用，幫助了一些人，覺得自己在做一件很有意義的事。」

不是你不盡力，而是極限到了

問到選擇轉換跑道的原因時，他說：「其實台灣只有我們擁有這個技術，全世界也沒有幾家，真的很有成就感，只是專利卻不是我們獨有，這是很大的隱憂……再加上家庭的緣故，我開始認真考慮辭職。可是畢竟有太多自己的心血，要放下不容易。」

「真的讓我下定決心的是那一次馬拉松，我之前跑半馬二十一K就是用固定配速，二小時內完賽，中途都不停補給站，我一直覺得最重要的是精準配速和意志力。而這次馬拉松一開始我覺得自己的狀況都控制得不錯，直到二十八K時，腳抽筋，這才真正感覺到什麼叫作『極限』。也深刻體驗到，很多事不是只靠意志力就可以辦到的，『不是你不盡力，而是極限到了』。」

「所以我毅然辭職，到南部最優秀的大學投了履歷，結果在最後關頭卻以一票之差落敗，當下真的非常沮喪。可是繞了一圈再回頭來看，如果不是因為這一票之差，我也不會到西雅圖和一些頂尖的研究室交流，兩年後在美國、台灣都拿到 offer。」

下一秒會發生什麼事情？

我在這次的對話中，發現一個很有趣的情況，對話過程大量出現，「選擇」、「契機」這些詞彙。覺得迷惘時，有一個「契機」出現了；

在我差了一票很沮喪時，剛好另外一個「選擇」出現了；在美國後期，有一個很好的「契機」出現……他很樂觀地把生命碰壁後出現「選擇」的時刻，都當作一個轉機，一個改變的契機。

沒有抱怨為什麼生命一直讓你碰壁，一直強迫你轉彎，而是感恩命運一直給出選擇。或許，讓我不禁反思自己在他的處境中，會怎麼看待人生。

問到對這些經歷的感觸，他說：「其實沒有想很多，我並不是一個很有遠見的人，也不會去規劃未來十年、二十年的事情，這樣一路走來，我覺得很多時候，你有你的計劃，這個世界卻有它的規劃，你永遠不知道下一秒會發生什麼事情？」

「如果有機會再重來一次，我還是會創業，因為我覺得自己在做一件有價值的事，走過這些路，最大的感觸應該是我會鼓勵我的孩子『更勇敢地去擁抱改變吧』。不管對感情、工作或任何事情，不喜歡就勇敢離開，不要虛耗更寶貴的東西；不要一直糾結地計算。因為那不是重點，重要的是，現在的狀況是你不喜歡的，而現在有選擇的機會，那勇敢去試試看吧，而不是委曲去求全。因為你委屈地壓抑自己，並不是周圍人們希望看見的，只有照顧好自己，才是大家所希望的。」

多點故事，好像也沒什麼不好

最後他對我說，其實好多事情也很久沒有再提起或想起，這次聊天好像又重新再走了一次。過去曾經擁有外人認為不錯的生活，現在才真的擁有自己覺得還不錯的生活。可是誰知道有可能過沒多久，上天又要我轉彎了。想想人生這麼長，繞點路，多點故事，好像也沒什麼不好。

本來以為會聽到成功的經驗，結果還附贈了更棒的故事，一段如何成功面對人生轉折的故事。很多時候我們都以為只有想得「夠清楚」，才能做出「最好的選擇」。事實上，從來不存在最好的選擇，只有勇敢地做出選擇，才會想得「更清楚」。

或許更多時候，我們只能把握當下「較好的選擇」，然後努力把這個選擇做到「更好」，才是面對選擇正確的姿態吧。而我也始終相信，所有發光發熱的人，都曾經獨自走過一段黑暗的長路。

如果上帝要她降臨在我們家……

試著用另外一個角度，去看待所遇到的事，這些逆境會讓我們變得更柔軟，才能學到或得到。

曾有個學生告訴我想休學，那時我問她原因，她表示：「因為這學期我的身體出了一些狀況，成績退步很多，可能會沒辦法維持一％，我想休學調整一下，回來應該可以維持一％……」

一％的機會

她曾經是一個很認真的孩子，一年級幾乎都是全校第一名，二年級因為換了班級以及一些因素，成績退步很多。我很清楚繁星一％在大學入學的威力有多強，可是我說不出為什麼，就是想勸她。那天回到家整理資料，看到了一個非常要好的朋友的照片，突然想到該對她說些什麼了。

看到照片時，我想起一個朋友的故事：

那時朋友的老婆懷孕了，醫生照超音波時，在胎兒的大腦看到一個小水泡。慎重起見說：「有一％的機會是唐氏症，現在週數還算不高，可以選擇要不要流掉，不過還是建議再做一次羊膜穿刺會更準。」

當時朋友問我：「如果是你，會如何處理？留還是不留？」我回答：「你還這麼年輕，可以重來。不過我會尊重當事人（媽媽）的意願，你老婆怎麼說呢？」

朋友說：「她說：『我要生下她，這不是賭機率，如果上帝要他降臨在我們家，就是認為我們是那對適合的人選，我們有這個能力去照顧他。』如果我們是適合的人，那是躲不掉的，這是我們的課題，我們必須去完成它。」既然一定要生下他，那也不用羊膜穿刺了。

學會了接受不完美的自己

我永遠忘不了這段對話給我的震撼。好堅韌、好有智慧的女性。有些事情真的是很難逃避的課題。所以有人說：「人們總是在逃避命運的過程中，和命運不期而遇。」我當晚馬上再傳訊給那個學生。

我：「老師想清楚了，我不贊成妳休學，妳或許可以因為這樣維持一%考上台大，可是那又如何？如果在台大或以後工作又遇到了挫折，難道又再休學一次嗎？妳不可能這樣一直逃避，國中已經逃避一次了，這次我希望妳可以不要再逃了，難道沒有了一%，你就什麼事都做不到了嗎？」

學生最後被我說服，或許她的內心也不想再逃避下去了吧，只是需要更多的支持，最後那個學生並沒有谷底反彈、再創高峰，不過她學會了接受不完美的自己，大學生活過得還不錯。而我那個朋友的小孩很幸運地非常健康。很多事情似乎都有微妙的關聯，雖然他們可能不知道那句「如果上帝要他降臨在我們家，就是認為我們是那對適合的人選」一直深深影響著我，提醒我用另外一個角度，去看待所遇到的事。這些逆境會讓我們變得更柔軟，才能學到或得到。

更珍貴的是，我們才有辦法去同理那些身處困境的人。有時我們輕鬆的說出：「你不要傷心了，我懂你的感覺。」事實上許多事情沒有經歷過，還真的很難懂。而更多的事情，為什麼是你經歷？因為你必須懂得。

嗯，你說得對

人在面臨逆境時，我們的反應和其他生物蠻接近的，只是有些人透過學習，學會了更有效控制管理「直覺性的反應」。

網路上有一則笑話是這樣的：

徒弟問師父：「你是怎麼管理自己的情緒，讓自己一直保持冷靜的。」

師父：「因為我不會和笨蛋爭執，只會簡單扼要地對他們說：『你說得對。』」

徒弟：「可是師父你這種作法是錯的啊，而且不合理。」

師父：「你說得對。」

沒有一種情緒是不應該的

我記得在非洲大草原上有一種野馬，牠們的天敵是一種小小的吸血蝙蝠，這種蝙蝠常在野馬的腿上吸血。牠們將鋒利的犬齒刺入野馬的身體，野馬會很不舒服地開始暴怒狂奔，甩動尾巴，拚盡全力想要把吸血蝙蝠甩掉。可是這完全無濟於事，反而讓蝙蝠更用力咬著野馬。最後結果通常都是吸血蝙蝠們吸飽了血，心滿意足地離開，而這些倒霉的野馬卻暴斃而亡。

動物學家一開始很疑惑，其實這些吸血蝙蝠吸的血量非常少，也沒有毒，應該不足以致死。但深入研究後發現，這些野馬的真正死因是：暴怒和狂奔。

也就是吸血蝙蝠只是一種觸媒，而野馬劇烈的情緒反應，才是造成它死亡的真正原因。很多時候，人在面臨逆境時，我們的反應和其他生物𤄊接近的，只是有些人透過學習，學會了更有效控制管理「直覺性的反應」，沒有一種情緒是不應該的，重要的是你怎麼去面對它。

並不是所有動物遇到這種吸血蝙蝠都會狂奔到死。退一步想，為什麼吸血蝙蝠不去找體積更大、動作更遲鈍的水牛？因為性情溫和的水牛，面對這種不舒服，牠可能是緩緩走到水池浸泡，反而巧妙地解決了吸血蝙蝠的吸血困境。

當隻水牛，而不是野馬

有時候學生會抱怨，同學太吵、老師教得不夠清楚、家中的環境不好……所以沒有辦法好好念書。或許這些都是受影響的理由，但我們都知道，真正決定性主因還是自己。

同樣的事情發生在野馬和水牛身上，結局卻大不相同。吸血蝙蝠為什麼會找上門，有可能是隨機，但更可能是人格特質。當遇上了「吸血蝙蝠」，要做的不是抱怨環境、命運，而是改變環境或改變自己，遠離容易遇到吸血蝙蝠的環境，或是改變自己的心態。

下次如果有遇到不舒服的人或事，你要做的不是像「野馬」似地暴跳如雷，而是像「水牛」一樣，轉換一個環境，一個你可以放鬆的水池，好好靜下來，你會發現放鬆了，也就放開了。

長大以後我們都知道，為什麼總是讓你遇到這些事？因為上帝是溫柔的，祂不斷地給你機會練習那些「你需要學會，而還沒學會的」。

面對選擇，你要做的是……

我敬佩你的信守承諾，所以想給你選擇，你想要我白天變成美女，還是晚上變成美女？

我看過的一則故事，內容大概是這樣：

那個拔起石中劍的亞瑟國王在一次意外中被俘，本應被處死刑，但對方國王見他是個人才，十分欣賞，決定再給他一次機會，於是問了一個問題，如果答出來就可以得到自由。

這個問題就是：「女人真正想要的幸福是什麼？」

亞瑟向身邊的每個人徵求答案，結果都沒有滿意的回答。這時有人告訴亞瑟，郊外的黑森林裡住著一個老女巫，據說她無所不知，但個性古怪，常會提出離奇的要求作為代價，但亞瑟別無選擇，只好去找女巫，女巫對亞瑟說：

「我知道答案，也可以告訴你答案，但你要答應我一個條件，我要和圓桌武士的隊長加溫結婚。」亞瑟驚訝地看著眼前女巫，駝背、醜陋不堪、只有一顆牙齒，身上散發著臭水溝難聞的氣味……而加溫高大英俊、誠實善良，而且還是他最好的朋友。

亞瑟說：「不，我不能自私地為了自己，讓我的朋友娶妳，如果這麼做，我一輩子都不會原諒自己。」但是加溫知道這個消息後，平靜地對亞瑟說：「亞瑟，我願意娶她，為了你和我們的國家。」得到滿意的回覆後，女巫告訴亞瑟：「女人真正想要的幸福，是可以主宰自己的命運。」

你想要「面子」還是「裡子」？

每個人都知道女巫說出了正確答案，於是亞瑟自由了。終於來到舉行婚禮的公開儀式，婚禮上女巫用手抓東西吃、打嗝、醜態百出。亞瑟也在極度痛苦中忍耐著，眾人同情地看著加溫，加溫卻一如既往的平靜謙和。

新婚之夜，加溫在大家同情的眼光中走進新房，準備面對一切，然而一個從沒見過面的絕世美女卻躺在他的床上，美女說：「我就是女巫，我年輕時受到魔法詛咒，所以我在一天的時間裡，一半是醜陋的女巫，一半是絕世的美女。加溫，我敬佩你的信守承諾，所以想給你選擇，你想要我白天變成美女，還是晚上變成美女？」

我曾經拿這個故事問我的學生，如果你是加溫，你會選擇白天的美女還是晚上的美女？學生通常會很認真地考慮著。就像是到底是更想要「面子」還是「裡子」？

人生不是考試沒有標準答案

大概六成的學生會選晚上，四成的學生會選白天，少數的學生會問我可不可以分段不要連續十二小時？答案大同小異，都是圍繞在怎麼樣選擇，才能讓自己得到最大利益及滿足，但是沒有人說出了加溫的選擇。

加溫是這樣說的：「我記得妳說過，女人真正想要的幸福是『可以主宰自己的命運』，所以我選擇由妳自己決定，是要白天還是晚上當美女。女巫止不住地湧出淚水，感動地說：『我選擇白天、夜晚都是美麗的女人，因為你懂得真正尊重我！』」

當我說出加溫的選擇時，通常學生會有兩個反應：一是發現原來還可以這樣選擇；一個是覺的我沒有說清楚還可以這樣選擇。對於第一種反應我會笑笑地說：「很多時候當我們卡住了、無法做決定，是不是可以提醒自己，不要只站在自己的角度，站在更高的角度或別人的角度，你會發現卡住自己的問題便可能不再是問題了。

對於第二種，我會認真地對他說：「人生不是考試，沒有標準答案，它不會也沒有義務要對你說明清楚。很多時候人生或環境，給了你一個困難的單選題，如果你一直關注自己可以獲得什麼？就會把自己的路越走越窄。這時不管你選擇了什麼、你看到的不是獲得了什麼？而是錯過了什麼。」

更多時候，你要問自己：「願意放掉什麼？可以付出什麼？」你需要更多方向去看待問題，多拉出一個維度，就不會是單選題，而是會有更多可能性。

同一個時間不同的面向和可能

即使面對人生的單選題，你也可以活成多采多姿的申論題。不要忘了「這個世界最大的限制一直都是自己」，重點是你要相信它一定有更多可能。很多令我們驚豔的好點子，其實都是換一個角度看問題。有時候是從反面，有時候是從另外一個方向，讓我們看到同一個時間不同面向和可能。

永遠要記得要去懷疑那些，你認為天經地義的事。

最後想說是，故事中的女巫一直可以變漂亮，可是她沒有，直到確認加溫通過了考驗，才願意變成一個真正的美女。所以千萬不要小看女人的套路，尤其是聰明的女人，更不要小看女人變美的決心及能力。如果可以選擇，沒有一個女人不願意二十四小時都美麗。

有時候她還沒有變美麗，不一定是因為做不到，有可能是還不值得。她覺得還沒有遇到，讓她決定賭上一切的完美加溫。你要做的不是替她決定何時該美麗，而是讓她有機會變得何時都美麗。

如果你希望她二十四小時都美麗，那你要做的不是要求她變美麗，而是把自己變成那個她願意不惜一切變美麗的 Mr.right。

選擇比努力更重要

為了追求成績，選擇跳過休息補給，乍看好像省下時間，看似更有效率，但常常在後半段體能下滑，反而成績不如預期。

有同事曾經對我說：「你有沒有覺得，學生上輔導課的態度越來越差，動不動就請假，上起來真的很無力。」

我想起之前跑馬拉松，半馬21K最好的成績是一百分鐘，那一場印象很深刻，剛出發覺得狀況並不是很好，所以沒想太多，幾乎每個休息站都停下來喝水，就這樣越跑越順，也跑出了不錯的成績。

記得下一場出發沒多久，問旁邊的跑者：「你的最佳成績是多久？」他回答我：「九十五分鐘。」我表示要跟著他的速度，他也欣然答應。就這樣我跟著他的速度前進，經過第一個休息站準備喝水，卻發現他仍不停地往前跑。

我問他：「不停休息站嗎？」而他告訴我通常兩個休息站停一次。我心想難怪可以九十五分鐘，那我也來試試吧。結果當天天氣太熱，我在十幾K時發現非常難受，速度整個掉下來，就放掉他，自己跑了，最後那場我跑了快兩個小時。

後來我跑馬拉松時，發現了一個很有趣的情況，如果每個休息站都停，按照平常的節奏跑通常成績不差，如果刻意想追求成績，跳過休息站，想省下一些時間，通常後半段體力會垮掉，成績也就更差了。

太執著時，判斷力通常不太正確

我發現學生課業表現也很類似。有些學生很在意成績，覺得時間來不及，想要更高效率學習，所以常會請假。例如：段考前，尤其輔導課。如果覺得這個老師沒有辦法快速幫助他，他就會在這堂課請假，但以我多年的教學經驗，這些孩子最後大考的表現通常不會太好。

而大考表現很好的，通常都是那些一直跟著學校的進度，平平順順複習的學生。不知道這是不是「倖存者偏差」，或是我個人偏頗的觀察，但我猜測原因是當你斤斤計較付出的效率，只會徒增心力跟腦力的負擔。

大考不是短跑，這種長時間的耐力跑，除了比身體素質，更比心理素質，當你覺得時間不夠，當你只想追求效率，你就不耐煩去吃本質性的東西，而只想吃好消化的營養物或速食品。不要忘了你的人生經驗或許不夠豐富，哪些重要？哪些是可以不吃的？你的判斷不一定正確，或是說當你太執著時，你的判斷通常不太正確。

就像我為了追求成績，選擇跳過休息補給，乍看好像省下時間，看似更有效率，但常常在後半段體能下滑，反而成績不如預期。

「意志力」是很稀缺的資源

很多事情你是有「選擇」的，但不要忘了選擇帶來的就是「承擔結果」，學校除了教學以外，另一個功能是「約束」，自己在家沒有人約束你，或許你是一個很有自制力的人，但不要忘了人都有惰性，「意志力」是很稀缺的資源，在群體中能自動被督促，意志力可以用在其他別人看不到的地方督促自己，我相信對大部分的人來講，那是比較輕鬆有效率的方法。

「努力」這東西是一個「向量」，除了「大小」還有「方向」。方向不對，你的力量再大，都可能只是做白工（做功為「0」）。

所以我們說：選擇比努力更重要。有時候一件事情沒有辦法成功，不是因為你的努力不夠，而是因為你的努力方式不對。

豬一隻不如虎一隻，虎一隻不如鹿一隻

坐在教室裡，就是要打石頭，你要讓自己落在哪一類，完全由自己決定。哪一種人效率比較高，你們應該也知道……

記得在高中時，曾讀過蕭蕭《太陽神女兒》中的一篇。蕭蕭用台語唸的一段話，請學生翻成國語，「豬一隻不如虎一隻，虎一隻不如鹿一隻」。

景美女中的孩子都翻成動物，其實這句話是孔子說過的一段很有名的話，而這段話講的是學習態度的層次問題。

先講一個故事：

有一個神父看到很多工人在打石頭準備蓋教堂，他就晃到第一個工人的旁邊，問他：「你在做什麼？」第一個工人很不耐煩地回答：「你沒有看到嗎？打石頭啦！」神父笑了笑，又接著問第二個工人：「你在做什麼？」他說：「我在賺錢養家糊口。」神父笑了笑，接著看到了第三個工人，一邊打石頭一邊哼著歌，心情非常愉悅。神父還是問他：「你在做什麼？」他開心地說：「我在蓋一座給神住的房子，所以我心情非常的喜樂……」

有發現嗎？做同樣的事情，因為心境不同，會產生完全不同的態度及結果。第一個是知道要做，卻很痛苦不情願地做；第二個是知道要做，所以願意去做；第三個是很享受地做，我常對學生說：

「現在就是要坐在教室裡，就是要打石頭，你要讓自己落在哪一類，完全由自己決定。哪一種人效率比較高，你們應該也知道。第三類境界有點高，至少不要讓自己掉到第一類……」

回到前面台語問題，有發現了嗎？並不是三隻動物，而是三種學習的態度，是孔子說的：「知之者不如好之者，好之者不如樂之者。」其實學習何嘗不是三種動物類型：

豬就是習慣被餵養，不會主動去尋找知識。

老虎積極爭取分數，目標明確。但太過明確，和目標沒有直接關係的，因為不關心，難免會錯過一些東西。

鹿呢？只有真的享受在森林裡面奔馳，才能感受到更多可能性……

讓你失望的不是你的能力

大多時候，當我把可以處理的都處理完了，就會看到該怎麼前往目標的路了，其實歷程這件事情更是這樣。

K是一個聽話的學生，前陣子來問「學習歷程」的問題，但這陣子都沒有再出現，我問他學習歷程做得怎麼樣？他有點不好意思地說：「老師我覺得我做的東西很差，所以最後決定不做了。」我記得他曾經問過我：「遇到沒有做過的數學題目怎麼辦？如果題目不夠直覺該怎麼處理？」

他那時回答：「就想一想以前也沒有做過類似的題目，很多時候題目是可以遷移的。」我告訴他：「沒錯，但我也要告訴你一個我常用的解題思路。在開始之前，我先跟你說一個前幾天的小故事：我與同事去恆春探路，回程的路上看到遠方有一座加油站，很多車子加完油要回主線，卻進不來，你知道為什麼嗎？」

先行動再慢慢調整修正

「是因為車子太多嗎？」他問。「對，因為車流量太大，想要一次直接轉到內線，所以一直苦等不到適合的時間點。可是最外線卻沒什麼車，這時旁邊的朋友說：『他們不應該這樣開車，應該先右轉，在外線慢慢再切回內線。』」我回答道。他：「瞭解，一次轉，轉不過去。但如果先右轉，再慢慢切入就可以成功。」

不只開車是這樣，人生很多事情也是這樣，很多時候我們都希望「一次到位」，可是現實有些事情的挑戰比較高，很難一次到位，這時候要做的不是一直「苦等機會」，而是「先行動再慢慢調整修正」到你想去的地方，就像加油站出來的車子，如果可以先出發再修正，現在應該已經到他想要去的位置了。

東西具體，想法也變得容易落實

回到剛剛數學問題，我如果遇到自己沒有做過的題目，有一種解題思路是：把可以處理的先處理，再看看離自己的目標還有多少差距？

大多時候，當我把可以處理的都處理完了，就會看到該怎麼前往目標的路了，其實歷程這件事情更是這樣。有時候我們都希望，想像做出一個超棒的學習歷程，以為很棒的學習歷程是直接做出來的，但就我所知，大多時候都是修出來的。

一開始一定做得很差，但有了開始、看得到成品，再慢慢修才有辦法修得更好，這道理其實不難理解，東西具體可見，想法也變得容易落實。如果把東西都只有放在腦海中不做出來，那永遠就不會有更好的學習歷程，記得「最好是更好最大的敵人」，不是準備好了，才出發，而是出發了，才會變得更好。很多時候不是你不行，而是你太想一次就行。

讓人失望的從來不是自己的能力，而是對自己能力的過度幻想。

越努力越幸運，因為幸運是……

或許它不是最快的，但可能是目前最適合你的，更有可能你因為這樣而可以看到更多風景，得到更多體驗。

申請入學第一階段放榜後，通常有些同學能衝進了夢幻，有些同學只剩保底，但有些同學連保底都不保底，只能等到分科測驗。

看著有些失落或有些浮躁的孩子，想分享一件小事。有天早上，我開車載女兒去上學，一個左轉，突然發現太陽在我的正前方，我沒有習慣戴墨鏡，所以第一直覺就是把擋風玻璃上的板子放下來，否則會影響到開車視線。就在我有點煩躁地做反應時，我發現女兒也同時有反應……

在公布答案之前，再問一個問題：如果現在要從台南去台北，下面哪個方法最快到達目的地：

①搭飛機

②搭高鐵

③搭火車

④自行開車

⑤其他

不用羨慕別人，因為總能找到最適合你的

大部分人都會選1或2，因為飛機的速度最快。但考慮到飛機的等候時間，有時高鐵比較快。這樣的想法非常直觀，可是有沒有想過？我並沒有說要去台北的哪裡，如果要去的是台北的山上或郊區。這時高鐵

與飛機就不是最快的。

而且我也沒有說，是從台南的哪裡出發？出發點不同也會影響最適合的交通工具。有些同學很幸運，要去的地方和所在地可能都在高鐵站附近，本身的錢也夠，所以很幸運地快速搭上高鐵，到達了第一階段的目的地；有些同學可能目的或出發點不適合高鐵站，甚至需要多次轉車，才能到該去的目的地。所以不用羨慕別人，或許它不是最快的，但可能是目前最適合你的，更有可能因為這樣而可以看到更多風景，得到更多體驗。

你怎麼看待你的遭遇？

回到我女兒的反應。我驚訝地發現，她不是把擋風玻璃的板子放下來，而是開心地舉起手機，開始自拍。

她開心地對我說：「這種陽光會讓自拍變得非常好看。」對我而言感到痛苦的困擾，對她而言卻是一個苦等很久的機會，很多事情也是這樣：「從來不是你遭遇了什麼？而是你怎麼看待你的遭遇？」

心態很重要。如果現在錯過了直達車，那麼就好好把握轉車機會，接下來你的遭遇是讓你不願面對的痛苦困擾，還是轉彎後一個難得的契機。聰明的人應該知道怎麼選擇，其實不是只有選擇重要，心態跟努力同樣重要。不要只看當下的「結果」，因為那並不是最後的「結局」。很多時候時間軸拉長來看，才能看得更清楚。

記得心定，一直走，總有一天，一定會謝謝那一個即使不知道怎麼辦？仍願意傻乎乎努力的自己。越努力越幸運，因為幸運，只是努力到滿溢出來的結果。

未來一定有「某一刻」是為了你而準備

當不求回報地付出，會感到失望是因為它通常會在你想不到的地方給你驚喜。

有陣子不少學生來找我討論自主學習，他們不知如何決定主題？擔心選定的主題，最後如果沒有漂亮的成果怎麼辦？

有些未來興趣較確定的會選定一個「他認為」對未來升學有幫助的主題，我就看過有幾個是自主學習大一微積分，自己看大學教授的線上課程，看到快「往生」，我看他們那麼痛苦，就建議可以換一個角度：比較各大學開設的大一先修微積分，對一個高中生的接受度有多高，哪一個教授講的最容易被接受，而原因是什麼。

學生問我：「這樣可以嗎？」我誠懇地說：「這種市場分析調查比你現在做的有意義多了，而且有些知識再等一年你的接受度就會高很多。我並不專業，但我不太喜歡學生去揣測大學教授想看見什麼，什麼是能加最多分的。」

令人驚喜的「人生彩蛋」

我一直相信當人們很認真地投入一件事，只要這件事不傷害別人，一段時間後一定會學到一些能力，這些能力或許不一定是現在需要的「答案」。但絕對會是令人驚喜的「人生彩蛋」，就像是電影《當幸福來敲門》的那一顆轉開威爾史密斯人生機會的魔術方塊。我相信花時間研究魔術方塊，並不是為了「那一刻」做準備，但只要努力去投入培養能力，未來一定會有「某一刻」為了你的能力而準備。

賈伯斯可能從來沒有想過，書法在他的人生竟然如此重要，他只是享受書法帶給他的樂趣，所以書法是一種熱情地投入，一種不求回報地付出，但這世界很有趣。當不求回報地付出，會感到失望是因為它通常會在你想不到的地方給你驚喜，所以我會對學生說：「做什麼都很好。」一開始不用目標性太強，那反而會限制了可能性，可以一直調整修正，即使最後沒有漂亮的結果都沒有關係。學校本來就是提供一個安全環境，給學生勇敢去「試錯」與修正調整，這才是學習最重要的。而不是一直在做最「有效率」、「安全」的事。

所有付出的努力都會是未來的養分，最怕是不相信而白白浪費提升自己的時間。就算很喜歡打電動，你能不能不是重複性一直玩遊戲，而是研究遊戲為什麼會使人沉迷，它的機制、元素是如何構成。如果這些東西真的研究透徹，你會發現它絕對可以遷移到很多的地方。

努力都不會白費

我知道國外有個學生，他就是研究一款熱門的遊戲裡面的經濟系統，是如何架構達到最高平衡，以這個研究申請上哈佛大學。當然這是個案，但我相信如果認真投入有興趣的領域，即使沒有上哈佛大學，也比空白浪費時間的學生得到了更多能力。

其實很多人的心情也是如此，如果考試沒有更好，那這段時間的努力不是白費了嗎？這樣的擔憂可能一次在內心不斷膨脹，但是走過後我們都知道，所有現在付出的努力都會化成未來需要的能力，很多你現在不知道的偶然，都會是未來不可或缺的必然。

不管結果有沒有更好，努力真的都不會白費，只是你不知道它會在什麼時候回饋，只有不夠努力而遺憾，從來沒有因為太過努力而後悔的。

記得，努力不會讓你失望，只有期待立即的回饋才會。

這兩個故事最大的差異是什麼？

疫情年代也是如此，與其抱怨為什麼要讓我們遭遇這些，不如好好趁著這個機會生成更多能力。

前陣子有個好朋友即將轉換工作環境，一堆朋友一起吃著鹹酥雞喝「飲料」幫他慶祝，說不少人說新工作環境並不友善，看得出來在期待中隱含著一些不安。

我說：「我記得小時候曾經看到一則故事，有一個正直的青年小官，因為工作來到一個地方，他的錢不夠只能住在一棟鬧鬼很兇的老宅，他想這輩子沒有做過什麼虧心事，應該沒關係吧！第一天住進去沒發生什麼事，直到晚上睡覺時，夢見一個老人走向他，恭敬地對他說：『公子你終於來了。我幫你守候這個地方好久好久了，這個老宅的底下有一大甕的黃金，是屬於你的。我怕別人拿走，所以故意製造一些靈異現象嚇走不相干的人。今天終於等到你，我也終於可以放下一個心願。』」

最壞的時代也是最好的時代

「我小時候看過好多這類故事，我們鄉下人家常說：「福地福人居。」有時候別人覺得辛苦不友善的環境，有可能是為了虛位等待一個適合的人的出現。很多時候很玄地，一個新環境和同事會讓人產生化學反應，讓你整個人向上爬升一個檔次。」

「你是一個能力很強的全方位人才，我相信你到哪都會適應得很不錯，我更相信大多時候，困難不是為了阻礙前進，而是為了確認對目標的渴望有多強烈。」

疫情年代也是如此，與其抱怨為什麼要讓我們遭遇這些，不如好好趁著這個機會生成更多能力，很多時候最壞的時代也是最好的時代，很多時候危機就是轉機呀。

不該屬於你的終究不會屬於你

與兒子分享這件事。他說：「我記得以前閱讀測驗曾經看過一個故事。有一個秀才一直沒有辦法中「舉人」，結果一個因緣巧遇遇到一個高人，對他說：『我可以改變讓你可以得到你想要的，可是你要注意絕對不能吃到熊掌，否則你的一切都會化成烏有。』秀才當然說沒問題，果然之後一路順遂，最後中了狀元。」

「有一天，皇上宴請了這些優秀人才，他很開心終於拿到自己想要的一切，一切如此幸福，就連桌上的食物都特別美味，他吃到了一個很特別的東西，問了旁邊的朋友，這是什麼東西，怎麼這麼好吃，旁邊的朋友對他說：『這是很珍貴的食材，叫作熊掌。』這位新科狀元一聽，嚇得跌落椅子，死去了。

這篇閱讀測驗其中有個問題是：這篇文章主要想表達的是什麼？答案是：不該屬於你的終究不會屬於你。

沒有人「不怕痛」，只是有人「不喊疼」

兒子笑著說：「我記得它，不是因為文章寫得好，而是看完心裡直覺：我到底看了什麼？你知道為什麼我又突然想起這篇文章嗎？」我深吸了一口氣，危機就是轉機。我說：「我知道這兩則故事都很扯，但你有發現本質上最大的差異是什麼嗎？」

最大的差異就是一個積極，一個消極。很多時候重要的不是遭遇到什麼，而是怎麼看待遭遇。我相信沒有人「不怕痛」，只是有人「不喊疼」，或許老爸我固執不化，但如果可以，我希望孩子你是那個可以正面看待「故事」的人，因為這世上從不缺喊疼的人，又何必多增加你一個呢？

每個人都在說謊，但他們會把真相告訴

有光就有影，有利就有弊。必須有更多的維度才有辦法架構更立體的世界，其實長大以後我們都知道，現實永遠比我們想像中的複雜。

網路上曾經看過一則小故事，有一群烏鴉，喝水的瓶口太小，所以常喝不到水，還好有一隻很聰明的烏鴉想到了將石頭丟進瓶裡，讓水位上升的方法喝到水，讓所有烏鴉都非常佩服牠。

這麼有創意的方法堪為經典，甚至寫入教科書。之後的烏鴉拚命學習，甚至研究多大的石頭、怎麼樣的丟法最有效率。直到有一天從外地飛來了一群烏鴉，每隻都帶了吸管，能更輕鬆喝水。本地的烏鴉非常地生氣說：「這是犯規作弊！」外地烏鴉平靜地說：「這就是有沒有善用工具的差別。」

大數據專家可以告訴你的事

或許有人可能會認為這只是一則寓言故事，但在數學上真的有類似的情況發生。丟石頭的烏鴉就是傳統的抽樣調查，那些帶吸管的烏鴉就是「大數據思維」。

舉個例子：每所大學每年都會有一到二名同學自殺。校方希望及早發現有問題的同學，及時重點關注，必要時採取協助措施。但問題是怎麼找到需要重點關注的同學呢？傳統方法的效果好像都不太好。問卷？那些憂鬱的同學肯定不會說實話；抽樣或實驗？也沒有辦法幫我們找到需要提前協助的同學。

怎麼辦呢？用大數據。有了大數據思維就可以這樣做：

潛在自殺者的重要特徵就是「沒有朋友」。如果一位同學長時間不與人溝通，那他就需要重點關注。抓住這個關鍵特徵，問題就轉化成「如何找到這些孤獨的同學？」有一所學校用了一個很棒辦法：

觀察一個同學的飯卡刷卡時間與同班同學的飯卡刷卡時間是不是先後出現。關係好的同學一起吃飯，他們的飯卡刷卡時間會挨在一起。如果無須受到重點關注的同學，他在一個月內一定有很多次與同班同學的刷卡紀錄緊挨著。這個次數除以吃飯的總次數，就是這位同學與同班同學一起吃飯的機率。如果這個機率很低，那他就很可能是一位高危險者。

這個做事方式是不是和傳統不太一樣？是不是很像大家還在丟石頭時，你卻拿出了一支吸管輕鬆喝水，所以有些大數據專家瞧不起民意調查。大數據專家說：「民意調查可以告訴你們人們聲稱自己去教堂的頻率，但我可以告訴你們，他們心中有沒有上帝。」

數位足跡就是真實的自我

每個人都說謊，但是他們會把真相告訴電腦。他們的欲望、偏見，每次搜索、每筆交易都是無設防的私密時刻。數位足跡就是真實的自我，大數據專家認為：行為數據比觀點數據更可靠。

當然如果你完全信任一個方法，用單一度量去解讀世界那是很危險的。在電影《不可抗拒》中有一段是這樣的：大數據專家發現，數據顯示，一個地區聚集了一群對生育權非常關注的單身女性。於是，大數據專家很有自信地指揮宣傳團隊，向這個地區密集發放競選傳單，說市長當選後，將確保避孕費用由政府支付。結果，這些單身女性紛紛上門來要求解釋。原來，這些單身女性是修女，那裡是一座修道院。

這讓我想到前陣子在網路上看到的玩笑。亞馬遜退休總裁貝佐斯最大的特色就是一頭發亮的光頭，所以網路有一個不太厚道的揶揄：「當世界首富是禿頭時，就意味著落髮這件事無藥可醫，所以不要把你的錢浪費在生髮這件事上。」

這當然只是一則笑話，但世界不就是這樣嗎？有光就有影，有利就有弊。必須有更多的維度才有辦法架構更立體的世界，其實長大以後我們都知道，現實永遠比我們想像中的複雜。

所有架構的模型都不準確，差別只是有些模型是有用的，如果你堅持用一個維度去解釋這個世界，或是高度神話某個方法，我必須負責任地告訴你：你看到有趣笑話的機會就會比別人更多。

你不應該去找Mr.right

比起找到對的那個人，更重要的是找到對的相處方式，彼此不斷調整修正，讓自己變成「更對的人」。

教書二十多年，有一種孩子讓人很心疼，在學校用功讀書成績各方面表現都很好，出了社會卻發生很不適應且迷惘的現象。就我的觀察，有很多是學生思維的影響。

考試思維

這個思維的特色就是，問題都一定有個「標準答案」。這很好理解，考試當然要有標準答案，否則怎麼評分？所以問題沒有解決，就是因為沒有找到「對的答案」，可能是對的人或是對的方法，所以常常陷入一種迷思，花最大的力氣去「找答案」，而不是「改善」目前的環境條件。

這樣思維的影響反映在感情上，便會覺得我只要找到「對的那個人」，那麼我的感情就會幸福美滿，也就是俗稱的「Mr.right」。但結果通常都是一開始明明都很好，為什麼走著走著，很多事情就變得不一樣了。

走過我們都知道，比起找到對的那個人，更重要的是找到對的相處方式，彼此不斷調整修正，讓自己變成「更對的人」。但其實因為在考試上，對就是對，錯就是錯，怎麼還能容許塗改答案，

反映在生活上，我們都知道現實的挑戰，沒有標準的答案。很多時候是滾動式修正，不是準備好了再出發，而是出發了，會準備得更好。

期待權威給的答案

這跟上一個是緊密相關的。考試思維，就是我出題你給答案，我來評判你的答案，而現實中的挑戰是，你必須主動尋找答案，甚至沒有人知道，答案是什麼？

所以如果還是習慣「等答案」，你通常等不到，有時不是別人不告訴你，而是他也不知道答案是什麼？這對習慣考試思維，習慣接受標準答案，「公平」評分的人，是很難接受的。這跟學校考試，答案對了八成與答案完全空白，會得到一樣的分數。

所以當有時候沒有辦法做好，就乾脆不做，因為會直覺以為結果是一樣的，但事實上，結果還是差很多，因為很多事情是，先求有再求好。

線性思維

很多時候人們看待這個世界是「線性思維」。例如，一分耕耘一分收穫，對難度的看法也是如此。但事實上，事情進度多半並不是線性前進，而是指數型發展。

簡單來說，事情從〇到一的難度，跟一到二的難度，雖然都是增加一，但難度的差別，卻是天差地遠。一個是從無到有的開創，另一個只是優化微調。從無到有的開創過程，也就是從〇到一，可能要花掉人們八成力氣，若還不滿意，可能只需要兩成的力氣，就可以把它優化得非常棒。

用一個我自創的公式來表示：

y ＝ e^（x-80），

（其中 e 是自然對數 2.718，X 是你花的時間比例，X 介於 0 到 100，

Y是結果。）

你會發現，一開始用了八十只增加一，後面只用了五，就增加了一四八倍。當然這個公式會因人而異，但這個指數模型，對大部分的人來講，都是對的。「從無到有」的開創進程，跟「從有到優」的調整修正，難度並不相同。

很多人努力了很久，只看到一點點進度條變覺得沮喪，覺得這麼努力，才前進這麼一點點，還有那麼長的進度條，這件事情肯定成不了了！然後就放棄了，這就是犯了，「線性思維的錯誤」。

有時候，我們聽了太多成功的故事，這些故事都是告訴你，從無到卓越的故事，但這些故事省略得太多從〇到一的過程，因為它非常樸素，樸素到大家都很類似。我們喜歡看快速起飛的故事，所以好多這類故事，多到讓我們以為快速起飛很容易遇到，多到讓我們以為沒有快速起飛，就是我們的答案錯了。

而現實是，從來沒有所謂的〇到N快速發展，只有〇到一，然後一到N的發展。好東西或好點子，從來不是「生」出來的，是不斷「修」出來的。

輯
4

超能力新手村

因為我不想輸

在時間表上，妥善安排該做的事，別想太遠的未來，把握現在，盡量努力，未來通常不會虧待你。

我教過了一個蠻特別的學生，以往的學生最常問我的問題是：「老師，要怎麼讀好數學，我是不是讀書方法有問題。」「為什麼我這麼認真，成績還是不理想……？」

這個學生從不問我這些問題，她每次都是：「老師，今天放學可以去問你嗎？」「老師，這一題我做到這卡住了，老師這一題我錯在哪……？」

做本來就該做的事

說真的，她不聰明，很不聰明，同一題目需要講三次，有時候我會教到生氣。我會對她說：『妳想一下，我去喝口水。』藉喝水平復心情，才有辦法心平氣和地繼續教。有一次我看著她認真地將我教過的式子，理解後再重寫一次，我突然問了她：「妳為什麼想要讀書？」

我看她愣住了。可能從小到大，大家都是對她說要好好讀書，第一次有問她為什麼想要讀書吧。會這樣問她是因為，其實放棄也沒有人會怪她，她永遠在追我的進度。我可能已經教到了3-4，她還在為3-2的問題而苦惱，我好奇的是「明知道自己一直處於落後狀態，努力的效果有限，為什麼還可以不放棄，是什麼樣的動力撐著一直往前進。」

其實我對她很感動，我常對學生說：「放下期待去相信去努力。」在她身上，可以真正感受的到什麼叫作「放下期待」。她沒有期待自己的努力馬上可以從成績得到回饋，只是單純覺得這本來就是該做的事，應該把它弄懂，就這樣一步步扎實往前進。

「因為我不想輸。」

我記得她回答我的是：「因為我不想輸。」我沒有問她：「不想輸給什麼？是自己還是別人。」因為我知道她是一個務實的人，踏實的人最大的特色就是，不會問很大的問題，因為要去解決是「眼前的問題」，所以她不會問「怎麼讀好數學」，只會一題一題地去解決。

人本來就無須去討論太多未知，需要的只是在時間表上，妥善安排該做的事，別想太遠的未來，把握現在，盡量努力，未來通常不會虧待你。因為「天道酬勤」。所以我很喜歡政忠老師說的：「先談教學，再談教育。」從可以著力處先改變。我教這個學生的過程中，雖然後來還是需要去喝水，但是次數減少很多，有時我講一半，她就會說我懂了。

我對自己班上的學生分享這個學生的故事：「你們有時候怕挫敗，所以假裝不在乎、不努力，這樣就可以說，因為我沒有認真，我認真就不一樣了。其實你們更怕的是認真了，卻沒有想像中厲害。怕被別人笑，可是聽完了她的故事，你們會笑她嗎？還是想至少再試一次，用盡全力去相信、去努力，去寫一個人生的好故事。」

因為不想輸，所以可以「甘願」付出。因為甘願的堅持，所以我相信你的人生一定會「回甘」。

原來上天真的會

為什麼這麼努力了，還是拿不到想要的。因為「現在」不是最好時機，因為之後會有「更適合」的時刻。

曾有已畢業的學生回來找我，聊到自己已經很努力，卻沒有得到想要成果的無力感。看著她氣憤不平衡的樣子，想到我的學生，常對我說的：「為什麼我這麼努力了，還是拿不到我想要的。」

不知道你們有沒有聽過「海蒂」的故事？

有個小女孩，叫海蒂，本來跟爺爺住在阿爾卑斯山上，後來被賣到有錢人家服侍一個小姐。有錢人家的奶奶，很喜歡海蒂的天真無邪，她常常講故事給海蒂聽，還教她讀書、認識上帝。她對海蒂說：「海蒂啊，如果妳有什麼事情，都可以向上帝祈求，祂會回應妳的……」

有一天，海蒂很生氣地對奶奶說：「我再也不要信仰上帝了。爺爺生病了，我一直向祂祈求，讓我可以回到阿爾卑斯山陪爺爺，為什麼我到現在還是回不去！？」

三個月後的推薦文是神助攻

對啊，為什麼我這麼努力了，還是得不到我想要的，那還要繼續相信嗎？不只是海蒂，我也常出現這樣的疑問？我的第一本書《誰都可能呼攏你，但是數學不會》。一開始曾邀請葉丙成教授寫推薦序。

可惜一些原因陰錯陽差而錯過，對我來講，真的覺得很遺憾。不只是因為我很崇拜他，更因為他是我這本書另一位很重要的貴人，但因為時間搭配不上，所以無法在出版前來得及請他寫推薦文。那時心情很低落。那時候已經放棄了，對自己說，可能要等到下一本書，再提早請葉老師寫推薦文了。

沒想到出版三個月後，丙戌老師在他的臉書，幫我寫了一篇推薦文，本來已經滑出排行榜的書，卻因為他的推薦，馬上重回排行榜。簡直是神助攻，甚至衝到七日榜科普類第一名。如果一開始我就拿到老師的推薦，並放入書中，當時會很開心、很滿足，可是就不會有第二波神助攻，現在回頭來看，三個月後的推薦文，可能才是「更好的時間點」。

上帝會在最適合時給你想要的

回到海蒂的故事，奶奶慈祥地看著海蒂說：「海蒂啊，妳還是要相信上帝。如果祂現在沒有給妳想要的，只代表現在不是最好的時間，記得『上帝會在最適合時，給你想要的』。」海蒂半信半疑接受了，過了一陣子海蒂終於回到阿爾卑斯山，她開心地跟爺爺說故事並教他唱聖歌，大家都覺得非常開心……

尤其是海蒂，跑到奶奶身邊，喘著氣對奶奶說：「原來您說的都是真的，如果我真的在想回來時就回來，那時我還不認識字，就沒有辦法帶給爺爺這麼多快樂。我現在回來，才有能力去說故事、教他唱聖歌，帶給他更多的開心。『原來上帝真的會在，最適合時給我想要的』。」

去相信、去努力，越努力越幸運

為什麼這麼努力了，還是拿不到想要的，因為「現在」不是最好時機，等到之後「更適合」時。就像我很想要推薦文，但三個月後是更好的時間點；就像海蒂想要馬上趕回家，但事後她明白，當她有了更多能力，才是實現願望更好的時機。

我知道有人可能想問：「為什麼現在不是『更好的』時機？」有可

能是還沒有具備某些重要能力。如果現在給你，可能不是祝福，而是一種災難。就像有些成名太早的網紅，心態、能力還沒準備好，沒有辦法應付成名的反撲。

就像二個對的人，在不對的時間相遇得太早，通常結果都是「遺憾」。長大後我們都知道，你最想要的不一定是最適合的，不是得不到，只是現在還沒得到。放下期待，去相信、去努力，越努力越幸運，因為幸運只是努力滿溢出來的結果。

因為上天會在最適合時給你想要的。只要你持續努力，只要你成為配得起這份幸運的人。「因為得到一件東西最好的方法，永遠都是成為配得起它的人」。

如果你身邊有「為什麼我這麼努力，還是拿不到我想要的？」這類迷惘的孩子，歡迎將這篇送給他吧。

成功沒有辦法複製，你只能順勢而為

不應該是這樣的，這不是我從小到大想像的畫面。聽起來可能覺得很玄，但我從小到大對很多東西都存在的某些畫面……

我高中同學中，這個同學常自稱「小鮮肉」，各位腦海中可能會有類似許光漢等人的身影。但我必須負責任地告訴各位，他長得和綽號一點關係都沒有。

他本來是我學長，因為留級而成為我同學，一年後又被留級而被退學。這個看似在台灣的傳統教育體系下，幾乎被打得體無完膚的人。之後卻利用生態養殖，養出了比手臂還大的草蝦。幾乎上遍各大媒體，甚至還被寫入國小四下的社會課本中。

我一直以為到這裡，他算是完成了人生成功的逆轉勝。我一直以為他今天的成就是因為非常努力但也少不了他家的財力支持，我一直以為……但我發現，我錯了。

或許是跟老天爺挑戰吧！

他告訴我：「我是一個海口囝仔，海口人有一種特別的倔勁，我轉學到另外一所私中，跟家中每天要一百元，三餐加上去K書中心的錢，根本不夠用。可是好像在跟自己賭氣吧，或是跟老天爺挑戰，即使我再怎麼餓都不肯向父母再多要一塊錢，最後我應屆考上成大數學。之後在台北經營補教，日子過得並不差。」

我接著問他：「很多學生問我學完數學系可以做什麼，我說做研究，統計、經濟、寫程式……但我從來沒有想過還可以結合養殖。」他回答：「我們家五代都是從事養殖業，要說叫輪迴或是說「召喚」吧。我看到傳統養殖業，藥越下越重，到最後漁民養殖的東西連自己都不敢吃，我告訴自己：不應該是這樣的，這不是我從小到大想像的畫面。聽起來可能覺得很玄，但我從小到大對很多東西都存在的某些畫面，第一步就是要取代化學藥劑，所以我研究藥草，而我的第一個碩士論文主題就是這個。」

「試了很多方法，最後終於讓我找到用優格、用生態永續的方式，去培育出比手臂還要大的草蝦。後來為了網路的酸民對漁場養殖有一些錯誤的認知，一直被假新聞帶著風向，所以來到台大去研究農業假新聞。」

因為工作的專業度而驕傲

這個只花一年就拿到研究農業假新聞學位的同學，從一個高中被退學的學長變成了台大學霸，後來還拿到日內瓦發明獎金牌。「我從小就看著水車會產生『水尾』，覺得那很浪費，就想如果後面再加一台水車，那是不是就等於一次啟動兩倍的功效，這就是『節能水車』的想法。也是我跟你說的，我從小到大對養殖常常會有很多想像畫面。」

「那麼對未來的想像畫面是什麼呢？」我問。他說：「我覺得魚電共生絕對是未來的趨勢，大家對綠能的期待與需求只會越來越大，上面太陽能板發電，下面魚塭更適合養殖，上面賺下面也賺，又符合時代趨勢。如果魚電共生變成一種趨勢，那麼養殖業者未來就不會是穿著青蛙裝，而是穿著白袍定期巡視，非常專業地利用ＡＩ、利用機器大量取代人工。這就是我們常說的農漁企業化，會越來越專業，年輕人會因為工作的專業度而驕傲。或許我這一代不一定能實現，但是到我兒子那一代應該就可以了。」

而他的兒子就是那個榮獲香港、日本機器人大賽冠軍的得主。他接著說：「對啊，他已經確定申請台南海事的水產養殖，所以我們的第六代已經誕生了。」我問他不覺得可惜嗎？他回答：「我自己這樣走過，我知道如果不是做喜歡的工作，再多的才能都只是消磨，如果做喜歡的工作，久了一定會發光發熱。我在養殖業最大的心得是每一次池子其實都像一個小孩，不同的是養殖狀況好的話，投一元的苗四到六個月就可以回收五十元。這種投報率真的非常迷人，所以很多人就會以為，成功可以複製，就照這個方法複製成功模式。可是結果通常是做同樣的動作，在不同的池子可能會有完全不同的結果，成功是不可以複製的。能做的是依照池子的狀態，不斷修正養殖方法，生物有太多的可能，並不是算法那麼簡單，只能順勢而為。這對彼此都是最好的方法。

我始終記得他眼神發光的樣子

問到為什麼到日本煮東西給街友吃時，他說：「我跟總鋪師、謝銘祐都是好朋友，平常就煮餐給台灣街友吃，那年是因為大阪的教會牽線，就這樣『義煮』了三年。其實也有人對我們說：『這些人不值得你們替他做這些事，他們自己不努力、自我放棄，他們今天的結果是自作自受。』我倒是覺得他們是社會底層，或許一輩子都沒機會到台灣，一輩子都不知道虱目魚的味道是什麼（虱目魚是熱帶魚，日本需要進口）。或許真的不值得，或許活該在底層被忽視，可是我相信只要有人願意多付出一些，哪怕只是一碗鮮魚湯、一碗虱目魚粥，這種幸福的滋味都會傳達給他們。我永遠記得那些街友吃下東西的表情，我相信好食材、好料理是會傳遞幸福、發生改變，當然也很多人都說我們是『盤子』（冤大頭）啦。」

看著我同學，我不禁想到德蕾莎修女成立了「垂死之家」，把一些快要死掉、幾乎沒救的人從臭水溝裡撿回去，把他們洗乾淨並換上乾淨的衣服，可能過了不久這些人還是死了，很多人質疑她這麼做根本沒有意義！這些動作或許沒有辦法延長他們的生命，但如果沒有這些動作，他會在仇視詛咒中離開這個世界。但因為這些動作，他可能會心懷感恩地離開世界。怎麼會沒有差別呢？我相信改變已經發生，只是我們還沒發現。

其實同學幾乎是白手起家，其實並沒有我想像中的光鮮亮麗，他有很多很棒的想法，但有時候資金仍會沒有跟上。但我始終記得，他在講對養殖業未來想像，比手劃腳，眼神發光的樣子，不知為什麼，我就是相信他想像的畫面一定會發生。

每天做著類似的事，卻期待完全不同的結果？

你們常常抱怨爸媽、學校給你們太多限制，其實真的限制你們的，不是別人是你們自己。

有天早上，同事請我幫她為一隻被困在玻璃門內的鴿子解圍。有趣的是牠只要繞過這道玻璃門，就可以飛出去，可能鴿子沒有辦法理解玻璃這個東西，覺得很奇怪，想去的樹林就在前面，為什麼看得到，卻到不了，所以一直拍動翅膀，一直撞玻璃，撞到痛了累了，就停下來休息一下，等到不痛不累了，就繼續撞玻璃。同事看了不忍心，希望我幫忙打開門讓牠飛出去。

為什麼目標就在前面，我就是到不了？

鴿子越急越出不去，就一直拍動翅膀，同事感到害怕就不太敢靠近，我打開了門讓鴿子飛出去，看著這隻鴿子很有感觸。很多時候我們也是這樣，一直想不通為什麼目標就在前面，我就是到不了，即使碰了壁，即使知道那裡有一堵牆，還是一直撞，彷彿這道牆不存在似的。

我在想甚至有可能，之前這道玻璃門是沒有關上的，鴿子一直都是從這裡出入，現在門關上了，牠沒有辦法理解為什麼以前可以做得到，今天突然做不到了。所以嘗試了各種姿態，希望再找到和之前一樣的結果。很多時候人生最弔詭的是，反覆做著類似的事情，卻期待完全不同的結果。

其實只要他往左邊或右邊，都可以輕鬆地飛出去，可是卻選擇了繼續撞玻璃門。很多時候真正困住你的，不是能力，也不是環境，而是思維方式。習慣性思維模式真的很可怕，我曾經與學生做過實驗，請他們畫一朵小花，九〇％畫出來的花都非常類似，四到六個花瓣中間一個圈，拉一根桿子還有兩片葉子；我請他們任意寫一個數字，還特別強調什麼數字都可以，結果八成以上的人寫出來的都是正整數。

到達目標的路真的非常的多

我對他們說：「你們常常抱怨爸媽、學校給你們太多限制，其實真的限制你們的，不是別人是你們自己。」

對這隻鴿子來講，擋在前面的是牠無法理解的一片玻璃，而對我們的孩子來講，擋在他和目標之間的卻是小得多，但更無力抗拒的手機玻璃，如果他們肯把眼光多多移開那片玻璃，會發現其實到達目標的路真的非常的多。

也沒有想像中困難，很多時候多希望有個人，可以幫助他們輕輕推開擋在他們和目標之間的那扇玻璃。當這個想法出現時，只能苦笑地對自己說：「或許我們都是被玻璃困住的鴿子，只能每天做相同的事，卻期待完全不同的結果。」

不是名校造就了優秀的孩子……

史帝文森的外婆有十個子女，子女們又各有孩子，整個是個很大的家族，家族人都知道她是個有智慧的人……

國外有做過一份研究，大家都知道最頂尖的明星高中競爭非常激烈，因為名額限制，所以常常會有一些因為些微差距而落榜的學生，他們去研究這些學生和那些吊車尾上明星高中的學生之後的發展，也就是他們想研究名校光環到底對學生有沒有幫助，最後的研究結果，猜猜看是下面哪一項？

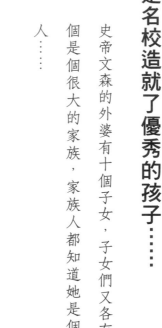

①沒上的表現的較好

②有上的表現的較好

③沒有影響

在公布答案之前，我們先來聽一則故事，這是布萊恩・史帝文森在一次TED演講提到的故事：

史帝文森的外婆有十個子女，子女們又各有孩子，整個是個很大的家族，所以小時候他並沒有太多機會跟外婆單獨相處。但是家族人都知道她是個有智慧的人，她地位超然備受尊敬。

史帝文森的特殊使命感

史帝文森永遠記得：九歲時候的一天，外婆叫住他，帶著他離開眾人，找了間小房間單獨對他說：「孩子你知不知道，我一直在觀察你。我發現你是一個非常特殊的孩子。我認為你將來無論想做什麼事情都能做成。可是想要達到那樣的成就，你必須答應我三件事。」

他受寵若驚，馬上說：「我答應你。」

第一，你必須保證永遠愛你的媽媽，永遠照顧你的媽媽，那可是我的好女兒。

第二，你必須永遠做正確的事，就算有時候正確的事很難，你也要做正確的事。

第三，你必須保證，永遠都不喝酒。

史帝文森當時九歲，他堅定地對外婆說：「可以！我保證。」從此之後史帝文森就有了一種特殊使命感，覺得自己責任重大。他也的確做到了對外婆的承諾。至少做到了從來不喝酒。

長大以後，史帝文森有一次和表兄弟們在一起聚會。表兄弟們就弄了一些啤酒，讓他喝。他的哥哥妹妹都喝了酒，但史帝文森還是堅持拒絕。

有個表兄弟一開始覺得史帝文森很奇怪，然後他就恍然大悟的說：布萊恩，你不會還想著外婆跟你說的話吧？他是不是說你是個非常特殊的孩子？你知道嗎？她跟我們每個人都說了這個話！聽到這裡，觀眾哄堂大笑。

但是史帝文森接著說：「我今年五十二歲了，從來沒喝過酒。」

看似聰明的取巧，但真的是這樣嗎？

沒有錯，外婆跟每個孩子都說了這段話，只有史帝文森相信，而且認真看待這件事，他是不是很笨、很天真？他的表兄弟很聰明地看清了現實，但真的是這樣嗎？

前兩天我看到負責打掃我們辦公室的一個小女生，非常仔細認真地擦玻璃，每天都是這樣，即使是段考，即使可能全班只有一兩個人來打掃。為什麼對她印象深刻，因為我們看過太多投機取巧、敷衍了事的學生，他們都很「聰明」，用最少的力氣去做到不被處罰的門檻，甚至有學生對我說：就算是愛校服務花的時間，也比每天打掃花的時間划算。

這些孩子看似聰明取巧，但事實上真的是這樣嗎？我一直相信一個不投機取巧、扎扎實實做好每件事的孩子，未來是可以期待的，即使現在成績或許不亮眼。就像史帝文森用自己的故事，去向現場的觀眾說：

你怎麼看待自己非常重要，甚至比你事實上是什麼？還要重要。很多時候決定你是誰？不是因為你經歷什麼？而是你怎麼看待你的經歷。

回到一開始的問題。

研究的結果是③沒有影響，也就是說：是這些優秀的孩子造就了名校，而不是名校造就了優秀的孩子。至於孩子後來發展是不是優秀，重點在於「怎麼看待自己」。這些孩子本身能力都差不多，重點在於怎麼看待這一次的成功或挫折。

我記得我剛到家齊時，擔任註冊組長，所以很幸運地可以看到很多的數據，那時候還是女中的時代，入學的ＰＲ值是八十八到九十二，其中九十二約有一半是上台南女中，但另外一半因為某些比序來到家齊女中。

這些學生很大的一部分表現得都很亮麗，（當然也有一些沒有辦法適應高中的強度），這些表現的很不錯的孩子幾乎都有一個特質，她們從不覺得她不如南女的學生，她們把那一次的挫折，當作一種「提醒」，而不是一個「結局」。

你為了你的相信，去做了什麼？

更有趣的是，每年總會有兩三個ＰＲ值九十三至九十四，放棄台南女中直接填家齊女中的，很多原因是不想去台南女中當尾巴，想來家齊高中當頭，但統計數據表示：通常她們都不是最頂尖的那一批。為什麼？很可能是因為：一開始她就覺得自己拚不過第一志願那些同學，所以逃避挑戰，一開始就認輸了，只想選擇較輕鬆的路走，但是成功的路哪有是輕鬆的，如果看待自己是：我不覺得我有能力去挑戰第一志願的那些孩子，那自然很有可能會被那些認定自己可以挑戰第一志願的人打敗。

當然有定律就會有例外，你一定可以舉出一堆反例，這只是觀察到的現象，一個簡單而粗糙的模型，我們都知道：「所有的模型都是錯的，只是有一些是有用的。」重點不在於你相信什麼？而是你為了你的相信，去做了什麼？

別只關注變化，更重要的是……

如果你只有跟他們其中一人提問一次的機會，應該怎麼問才能確認？哪一扇門通往天堂？

亞馬遜創辦人貝佐斯曾經提到，他很常被問到的一個問題：「未來十年，會有什麼大改變？我們該如何提早準備因應？」

如果是你，你會怎麼回答？

貝佐斯說：「網路上流傳一個很經典的益智題：你醒來你發現，自己身處在一個奇怪的房間。房間有兩扇門。每個門前有一個護衛。房子的牆上有一則提示：一扇門會帶你去天堂。一扇門將帶去地獄。門前的護衛都知道，哪扇門通往哪裡，但是其中一個只會說謊話，一個只會說實話。如果你只跟他們其中一人提問一次的機會，應該怎麼問才能確認？哪扇門通往天堂？」

注意：說假話的不一定站在地獄門前面，說真話的也不一定站在天堂門前面！

他關注的是「變化中的不變」

很多人被這種問題困住了，也有很多人解得出來，只是因為做過類似的題目。看這些題目都會讓我想起魔術，很多人被魔術迷惑的原因，不是手法，也不是道具，而是天性。人類天性不喜歡太多變化，但會優先關注「變化」，太多高頻的變化，會讓我們的大腦當機，這也是魔術，可以製造效果一個很重要的原因。所以魔術師常常說，你看有這麼多的變化、這麼多的可能，我應該猜不到對不對？

但最後他都可以猜到。為什麼？因為你「關注變化」。而他關注的是「變化中的不變」。不只是魔術，有一些高中數學的題目，A點B點所連成的線段和直線L相交，如果鎖定A和B的可能性，會無限多種，到最後整個思考就會當機，你要看的是變化中的不變，A和B點在直線的兩側，所以帶入一個是正，一個是負，那麼兩個相乘就一定是負的。關於數學的部分，為了避免有些讀者的不適，不適合說太多，我們回到前面的益智題。

努力去做時間的朋友

你可以問其中任何一位：「如果我問另外一位，哪一扇門是地獄門？他會指向哪一扇門？」因為如果我問到說謊者，另外一位就是誠實者，會誠實地指出地獄門，但因為回答的是說謊者，所以他會指向天堂門。如果我問到誠實者，另外一位就是說謊者，說謊者指出天堂門，又因為回答的是誠實者，所以他會指向天堂門。所以不管了問一下哪一位？他們兩個都會「指向天堂門」。

解決這個問題的核心在於，雖然我不知道誰誠實？誰說謊？假設誠實是＋說謊是－。雖然我不知道誰＋誰－？但是我知道正負或負正都會得負。所以不管問到哪一個，只要讓兩個的回答乘在一起。就會得到你要的答案。

$$(+1)\times(-1)=(-1)\times(+1)=-1$$

為什麼一般人解不出來？因為這違反人性。因為要你不要關注變化。而去利用變化中的不變性。回到一開始貝佐斯被問到的問題，他的回答大意大概就是：「為什麼大家都是問我這個問題？未來十年會有什麼變化？」

比起這個問題，更重要的是。「未來十年，有什麼不會改變？」因為不變而穩定的東西，才是我們值得投資努力的，也就是長期主義，努力去做時間的朋友，靜待時間的回饋，才是我們應該去追隨的底層邏輯。

其實長大後我們都知道，努力的回報這東西，有時候會遲到，但絕不會缺席。

慢慢來，比較快

目標訂到能力的八成以下，然後每天都有完成目標，就這樣，肯定自己並扎實地前進。

前幾天K問完數學以後，對我說：「老師我覺得我好像讀不完了，我是不是應該調整進度表，每天要複習的章節加倍，花更多的時間，加快複習速度。」K是一個認真的孩子，學測沒考好，現在努力準備分科考試，看得出他的焦慮跟不安，我笑著對他說：你是該調整，你的進度要「調慢」、「調鬆」一點。

學生懷疑自己是不是聽錯了？一臉問號看著我，我對他說：我今天早上聽Podcast，講到了一個故事，一開始從來沒有人到達南極點，大家都想當第一個征服南極點，呼聲最高的有兩組人馬，一組是挪威，一組是英國，英國那一組有十七個人，資金相對充裕，他們有摩托雪橇跟西伯利亞馬，挪威那一組，只有五個人，他們只有用狗來拉雪橇。

訂目標絕對不能訂到滿

除了資金人數，兩組最大的差異是，英國那一組因為配備好，天氣好就盡量趕路，天氣差就少趕一點路，挪威那組則是，不管天氣好壞給自己的目標是：每天都前進三十公里的路，一開始英國那組遙遙領先，你猜猜看，最後是哪一組先到達目標？沒錯是挪威那一組。

其實不難理解，當給自己的目標是「狀況好時多做一點，狀況不好時少做一點」。看起來好像沒有問題，可是人都有惰性，多差的情況叫作「狀況不好」，人天性都好逸惡勞，有一個明確可衡量的標準，是比較容易堅持督促自己。

這個故事，另外一個重點是。當初他們訂每天一定要前進三十公里。你猜他們的能力極限，應該每天可以前進多少公里？一定是遠大於三十公里，可是他們為什麼只訂三十公里？這才是我跟你講的重點。訂目標絕對不能訂到滿，一定要留空間。

你可以調整自己的「心態」

假設每天可以讀三個小時的數學，就把自己的目標訂成，「每天要讀三個小時的數學」，達到了會開心的，但會有有突發狀況，沒有辦法達到，你就會開始責怪自己，「怎麼這麼廢，就是這樣才會失敗，難道還想要再失敗一次嗎？」

你會鼓起力氣再振作一次，可是他不會撐太久，你又會陷入責怪自己的循環，最後的結果通常可以預期了。我問過你們一些大考考得不錯的學姐，他們幾乎一致地對我說：他們都是把每天讀書目標，訂到能力的八成以下，然後每天都有完成目標，就這樣，肯定自己並扎實地前進，最後的結果通常是很不錯的。

你沒有辦法控制自己的「狀態」，但可以調整「心態」。尤其現在大考，你們很多同學考差了，其實不是實力不行，而是心態不好。說到螞蟻你的印象是什麼？超級勤奮，對不對？可是你知道嗎？科學家發現在螞蟻群體裡面，永遠有一部分的螞蟻是在閒晃的。就是俗稱的「懶螞蟻」。

救命的閒晃螞蟻

他們在其他人努力工作時，會漫無目的的閒晃，你可能會覺得這太糟糕了，可是如果現場的環境突然發生大變化。能帶團體走出困境的，找到新的食物和資源的，就是這些到處閒晃的螞蟻。

同樣的道理，要留下一些時間，讓自己可以去應付突發的狀況。需要留下一些時間去反思調整，而不是「只用行為上的勤奮，掩飾思考上的懶惰。」帶過這麼多屆的學生，大考考得好的，不是焦慮進度，不斷苛責自己的那些學生，而是每天固定節奏，充分有餘力前進的學生。

因為比起短期衝刺的爆發力，更重要的是。持續努力的執行力。很多時候，「心態」比「狀態」還要重要。很多時候，「慢慢來，比較快」。要做的真的就是從容有餘力地朝目標努力。

因為比起「超強的表現」，你更需要的是「持續地出現」。

所謂的長大……

你沒有辦法控制別人的眼光，但可以控制怎麼看待別人的眼光，別人看的眼光是別人的課題，別人的眼光影響到你，就會變成「你的課題」。

D是一個很優秀有禮貌的小孩，前幾天和她聊天，說到她做錯了一件事情，也付出了不小的代價，聊到這段時間走過的心路歷程，她對我說：「我有跟自己和解，只是有時候還是很擔心，別人看我的眼光。」

我問他：「我記得妳有在用百靈油對不對？」她回答：「我鼻塞時都會用。」我繼續說道：「妳應該知道這是德國製造，聽到德國製造第一個印象是什麼？應該會覺得是精品。很多東西只要貼上德國製造（Made in Germany），價格幾乎就翻了一倍，妳知道德國製造（Made in Germany）這個名稱是怎麼來的嗎？十八世紀英國 Sheffield 公司，生產的剪刀非常有名、品質很好，但德國製造商就「山寨」這個產品，因為他們做出來的產品跟真品很像，品質也很接近，但是價格卻低非常多，這樣的行為惹怒了英國人。」

帶侮辱意味的法案《商品法》

「為了解決產品被仿冒的問題，憤怒的英國人決定走法律途徑，一八八七年英國人在國會上通過了一個帶侮辱意味的法案《商品法》，其中有一個重要條款：要求所有來自德國的產品，都必須貼上《Made in Germany》標籤，藉此將劣質的德國貨和高品質的英國產品區分開。危機也是轉機，也是從那時候開始，德國人清楚意識到，這個標籤代表了他們的產品，代表了別人對他們的看法，他們需要好好經營這個標籤。之後的事情就是，我們熟悉的德國精品工藝故事了。」

「其實現在大家追捧模仿的德國工藝，他們也曾經做錯、山寨過，比起之前妳做過的錯事，更重要的是之後妳做什麼？妳為自己的錯誤付出了代價，沒有辦法控制別人的眼光，但可以控制怎麼看待別人的眼光，別人看的眼光是別人的課題，別人的眼光影響到你，就會變成是「妳的課題」。

最難過的永遠是「自己」這一關

課題是需要分離的，這個就是阿德勒常說的。其實面對我做錯的事，我也會陷入情緒中過不去。但有一個心理師對我說過，你會覺得再來一次你會做得更好，那是因為現在的你，具備了當時的你所沒有的能力，即使回到當時，應該也是會做出相同的決定，所以勇敢往前走，最難過的永遠是「自己」這一關，但最重要的也是「自己」這一關。

有時候我們會覺得，自己被貼了「標籤」，現實是「標籤一直都在」，因為每個人都是自己個人公司的CEO，所以你必須為自己個人的標籤負責。所謂長大，其實就是。有一天你發現，原來有一個你個人專屬的標籤。而你願意勇敢的背負起它，然後努力的去磨亮這個標籤。

長大以後會發現，很多時候會遇到這些事。不是因為你不好，而是因為可以更好。就像數學三次危機，都讓數學完成了華麗的轉身，變得更加嚴謹強大。出發吧，所有當下過不去的「鳥事」，都會變成你說嘴的「故事」。

目標不是跑一場馬拉松，而是成為跑者

即使機會很小，難道就不努力了嗎？就像九把刀常說的那句話：「為了夢想勇敢的往前跑，即使跌倒了，姿勢也很豪邁。」

學測放榜了，有學生對我說：「老師我決定要分科了，可是我擔心，如果旁邊的朋友都在玩，我不知道自己撐不撐得下去。」

看著非常茫然的他，我對他說：「你知道如果想跑一場馬拉松，是要持續的訓練的。這個過程，對新手來講是很無聊痛苦的，很多人最後會放棄，如果想要度過這段新手期，你知道最好的方法是什麼嗎？再問你一個問題，我們都知道運動可以減肥，如果想養成運動健身的好習慣，下面三種想法，哪個比較好？」

①我一定要減掉十公斤的體重。

②我每天要運動一小時，即使不想去也要堅持下去。

③我就是一個運動健身者。

想好了嗎？

先說結論，第三個成功率比較高。

給自己畫餅減掉的是對自己自信

第一個想法是強調結果：我要減掉十公斤體重。這等於是幫自己畫餅，所有研究都顯示給自己畫餅，減掉的不是肥肉，而是對自己堅持的自信。

第二個想法是強調過程和行為：我每天都要堅持運動一小時，不想去也要用意志力逼著自己去。看起來不錯，真正實施有困難，因為人難免會有惰性，意志力是一種稀缺的資源。久了便會找各種藉口不去，而且只要有幾次沒去，以後就都不去了。

第三個想法，也是習慣研究專家常說的，給自己建立一個運動健身者的身分認同。我並不是一個，每天痛苦強迫自己去運動的胖子，我是一個運動健身者：我這麼酷的人就是天天運動的，我跟那些胖子能一樣嗎？

研究報告一再顯示，第三個想法的人，成功堅持的機率比前兩者高出非常多。這就是身分認同，也是人想要一致性的強大作用。所以想要改變行為，要先改變身分認同。

即使機會很小，難道就不努力了嗎？

因此習慣專家克利爾提出，養成好習慣的最好辦法是兩步驟，來向自己證明我就是這樣的人。

①認真選定你想成為什麼樣的人

②用生活中點點滴滴的小成就

例如，想要戒菸，遇到有人給你遞了一支菸，一般人會這樣回答：「不用了，我正在戒菸。」這並不是一個太好的回答，因為這個回答太弱了。

你只是在第二層想法，強調戒菸這個行為，你的身分認同就是一個，苦苦掙扎中的菸民。更好的回答是：「不用了謝謝，我現在不抽菸了。」因為這樣的回答，身分認同就會開始改變，不再是那個菸民了。

回到馬拉松，如何度過新手那段時間？你應該告訴自己，目標不是要跑完一場馬拉松，而是成為一個馬拉松跑者，身為一個帥氣的馬拉松跑者，常常自主訓練是天經地義的事。說真的，或許不輕鬆但也沒那麼痛苦。

你要告訴自己的是：你並不是一個學測考差，只能分科的可憐蟲，你並不是一個別人在玩樂，你只能苦苦掙扎的分科生，你是一個不肯將就，想要追求更好表現的學生，你是一個帥氣的追夢者，抬頭挺胸堅定地往前走，不要被旁邊的聲音所干擾，不要去計較你的付出，會不會得到等值的回報？這個沒有人可以告訴你。

即使機會很小，難道就不努力了嗎？就像九把刀常說的那句話：「為了夢想勇敢的往前跑，即使跌倒了，姿勢也很豪邁。」這不是自欺欺人，很多時候你必須相信自己是，為了自己的相信持續努力，最後你的相信就不會只是你的相信。

祝福你，不是跑完一場馬拉松，而是變成一個真正的馬拉松跑者，不是只能選擇分科考試，而是一個勇敢的追夢者。

致我高中同學：勇敢出發，時間會慢慢裝備你

對於轉系來念的我來說，過程中雖然覺得辛苦，心中倒是覺得很充實，畢竟是自己的選擇……

我的高中同學都很優秀，這位同學是美國哥倫比亞大學建築與城市設計的碩士，即將接任美國建築師協會境外某個分會的主席，高中對他最大的印象就是，音樂老師非常稱讚他的音感及氣質，長得斯文帥氣，一個富含藝術氣質的留美建築師。

我問他：「一般人對建築師的印象就是成績非常優異的那批天之嬌

子。你覺得呢？」他回答我：「我高中到進大學這段時間一直很困惑，甚至覺得迷失，成績也不太好，找不到方向。我母親是音樂老師，我父親閒暇喜歡畫畫，或許受到他們影響，我從小就喜歡藝術類學科；可是我父母對我說：要在這些領域成功，需要非常頂尖；所以我從未想過往這方面發展。其他方面，可能高中時遇到一個好老師，對物理還是相對感興趣，當年聯考後的志願，選了一個私立大學的物理系。」

投資在學習新事物上，總會有回報

「進了大學，有幸認識了隔壁寢室的建築系的學長；瞭解到建築是一門結合工學與美學的學科，我突然發現這個很可能是我一直想要的！於是就開始準備轉系考，最終總算順利的通過考試，從大二時轉去念建築系。」

「很多人都聽過建築系學生需要熬夜趕圖，在我們當時的確是常有的事。我記得開學第一天，當時的系主任說：『這條路很辛苦的，如果完全沒有天分、沒有熱愛，是很難走很遠的。』但對於轉系來念的我來說，過程中雖然覺得辛苦，心中倒是覺得很充實，畢竟是自己的選擇。」

「我當時大學成績算是還可以的，寒暑假都在事務所實習，自己對於從事這個行業的能力還是有點自信。畢業退伍後，原本想利用半年的時間，先全心全力孤注一擲的準備建築師的考試。那個年代的建築師高考只要一科沒過，隔年就需要重新來過。我原以為我只要全心全意地準備，應該能行，沒想到最後有一科沒通過。」

有時過程真的比結果重要

「當下當然很消沉。但之後我慢慢理解了一點：『不需要跟自己過不去，有時過程真的比結果重要』。」

「不過當年因為考建築師失利，讓我對於從事建築的自信崩塌，於是我興起了繼續到國外進修的想法。於是我邊工作邊準備考試，隔年申請上了哥倫比亞大學。現在回想，當年建築師考試如果不是少了那一科，我很可能不會出國念書吧。」

「很多生命中的偶然，都是成就最後結果的必然。」我說。

他：「對。我從小的信仰教導我，做成一件事情最重要的，不是你行不行、有沒有具備那個能力，而是你有沒有那個決心與信心。如果你真心渴望自己能做成某件事，下定決心並持續的去努力，上帝一定會慢慢地『裝備你』，補足你缺乏的能力，讓你最後變成那個夠資格的人。重點是你要相信並勇敢的出發，不是等裝備好了才出發，而是出發了才有機會裝備好，因為有些『裝備』，只有出發了才會『遇見』。」

「就像唐三藏不是有孫悟空才出發，而是出發取經才會遇到孫悟空。那你覺得什麼是好的建築？」我說。

多方權衡妥協下的最適合解決方案

「『好的建築不需要太多的言語去解釋』。很多時候建築不需要很『張揚』，只是一個低調配角，靜靜的融入四周圍的環境，單純看它或許一點都不耀眼，但放到整個環境當中，卻會讓人驚覺似乎再也找不出比這個更好的答案；置身在它的面前，會覺得有一種莫名的純粹感動。」

「建築是一個很老的行業，剛開始的目的是在解決人的生理需求。以住宅來說，我們其實只需要一個遮風擋雨的房子，通過合理的構建，還是相對容易做到的。但我們要的不是只有這些，我們要的是一個『家』。這就加入了很多心理層面甚至精神層面的訴求了。除了房子本身的安全，我們還要它是一個讓你能放鬆、有歸屬感的空間。」

「一個建築能夠同時照顧到這些層面，也就是使用者的需求，那就是一個好的建築。」

「不過，即便是公認的好建築也很難取悅所有人。有時一個建築受到批判，甚至連非專業的人都能指出設計上的種種缺失。為什麼會做出這樣的設計？當然不排除有一部分可能是設計者的問題，但也有可能是當時的時空背景、條件限制等原因，在多方權衡妥協下，是當時『最適合的解決方案』。」

「你讓我想到了一句話：『你眼中的問題可能是別人當下的唯一解決方案。』」我說。他也接著說：「很多事情『會存在，一定有原因；會發生，一定有合理性』。我們不能光用現在的時空背景去評價，唯有站在當時的視角，看到當時所面對的困難與限制，才能試著理解當時所得到的答案。」

「在資源有限、預算有限必須做取捨時，判斷什麼才是最重要的？什麼才是對方最需要或想要的？很多時候你的委託方是說不清楚的，因為人往往是看到了，才能夠做出評價。而建築師的工作，有一大部分是在幫助委託方『看到未來的願景與潛力』，在眼前一片荒蕪或廢墟時，腦中能夠形成清楚的『畫面感』。」

我也接著說：「我一直覺得能用溫柔的角度去看待這個世界的人，他的東西才會更豐富，你能不能說說建築教會你的事。」他回答：「建築師的工作，需要透過不同的圖紙去傳達設計的理念：平面、立面、剖面、透視、鳥瞰……因為建築本身就是一個三維空間容器，需要考慮由內至外、不同使用者、不同時間等的需求。所以一直以來需要學習不斷的『多切換視角站在不同的立場去看待事情』；不光只看事件本身，還要看它與周圍的關係和之後的長遠影響。」

「例如，有些作品單獨看可能是很傑出的，但若是和周圍的環境無法融合，那還是不合適的，不但自己覺得彆扭，周邊的一切也覺得不自在。」

問到他如果有機會再回到過去，最想要回到哪個時間點？他說：「這很難抉擇，因為有好多個時間點我都想要回去。並不是因為遺憾想要彌補什麼；而是會很想知道，當時環境或處境逼著我必須做轉彎時，我若是選擇轉了另一個不同的方向，那我現在的人生會是怎麼樣？我很好奇，如果有機會我希望都可以嘗試。」

說真的這個問題問過好多同學，他是第一個這樣回答的，對這個世界充滿了好奇心，想要探索更多的可能性，一直提醒自己用更多的視角，溫柔的去看待這個世界，而不是以為自己是上帝視角，可以看穿所有的問題，如果單一視角去規劃，那更可能發生的是：想要解決問題，卻反而製造了更多的問題。

我的高中同學都很優秀，各有各的精采，謝謝他們，給予了我看待世界更多的角度和可能。

我覺得自己好像有點厲害……

從要去做變成了想要去做，多了一份對成功的渴望，
這是這趟旅程最大的收穫了。

去年帶著哥哥完成環島後，就一直想下一個換黃小妹了，可是我也不禁懷疑地問自己：她可以了嗎？哥哥每天騎單車上學，來回約二十公里，而且騎乘的技巧觀念都比我還好，唯一的缺點就是堅持到底的毅力較不足夠，我相信這點會在過程中磨煉出來。可是妹妹雖然會騎單車，平常沒什麼訓練，騎乘技巧更是……

她最大的優勢在於堅定的默默堅持，這正是環島需要的，很多人告

訴我：「妹妹還這麼小，要不要再長大一些會更輕鬆更適合。」我也知道總有一天他會去做這件事，但是我的膝蓋退化的很快，很多事現在不做以後就不會做了。

經過那段的洗禮，你會變得不一樣

一直忙到暑假末，抓到了八天的空檔決定出發了，心中告訴自己，帶著這個車袋，如果真的來不及就坐火車回來，只是沒有告訴玉妹有這個選項。

第一天下雨，壽卡到大武的急下坡真的讓我覺得放心不下，所以放棄，火車取代，蘇花公路也是以火車取代。

真的很對不起宗霖，這趟旅程因為追求速度錯過很多景點，真的很像單純的騎車訓練而已，第三天從成功到花蓮一一三K，山路一一三K，騎到女兒想打一一三專線了。

我開始覺得，可以的。是可以成功的。決定隔天硬扛「九拐十八彎」，我們也知道半天過不了北宜，就決定騎到哪停在哪，那晚到了新店才找飯店，妹妹並不知道九拐十八彎那一段的意義何在？我對她說：「經過那段的洗禮，你會變得不一樣。」

那我五天的堅持是為了什麼？

直到第六天晚上，好朋友水深對妹妹說：「妹妹妳騎過九拐十八彎喔，太厲害了，那是連車隊都覺得很硬的。你才開心的覺得自己有點厲害了。」

第五天妹妹摔車，第六天又遇上女生麻煩事，我慌了，怕她感染，去屈臣氏問店員，聽從建議買了一些防護措施，竟然忘了信用卡拿走，可見心情多慌亂，還好店員知道我在對面的 7-ELEVEn，想說是該抉擇了，把選擇權交給黃小妹。

結果妳說：「如果我現在放棄了，那我五天的堅持是為了什麼？」當下真的很感動，因為妳從「要去做」變成了「想要去做」，多了一份對成功的渴望，這是這趟旅程最大的收穫了，「當你真心渴望一件事，全世界都會聯合起來幫助你」。中午好友水深出現了，他的專業級速度，讓我們輕鬆趕上進度，在他身後也學到如何調配節奏，最後一天晚上，還讓水深破費，特別找了家餐廳叫了一桌非常豐盛的海鮮大餐、喝點小酒。才兩杯啤酒就為微醺了。

最後一天沿途沒有太多停留，因為想家了，快到家時，看著妳小小的身軀努力踩踏，靠著自己默默堅持的毅力，完成了這趟旅程，感動的錄下那段給女兒的話影片。沒想到妹妹看完後，竟然說：生日禮物!?你不會又對我說是提早一年準備好的吧!?

問妹妹這趟旅程的感想，他說：累，絕對不會再想第二次。我第一次跑完馬拉松，我也是這樣告訴自己，結果……謝謝黃小妹。這段旅程讓我看到更多的可能性。

妹妹自己說：「其實我想一想，十三歲，沒有訓練，單車也不好（妹妹不太會變速，所以二十一段，他只用七段來騎）加上一個超級沒計畫的天兵老爸，七天可以完成環島，我覺得自己好像有點厲害。」

親愛的黃小妹，我真的覺得，你不只是有點厲害，你讓我們看到更多的可能性。你可能會感動到某些人，鼓勵到某些人更勇於去嘗試，謝謝妳，我以妳為榮。

輯
5

綻放生命的綠芽

「我現在已經把我的眼睛閉上了」

走在花叢萬紫千紅中，我懶得回頭看一下，一半是因為在修道，一半是因為心中已經有了你。

我記得在大學時，學姊曾經跟我們分享過一個小故事：有一個小女孩發誓要找全世界最大最漂亮的貝殼，有一天他來到一個漂亮的沙灘，有很多很大又很漂亮的貝殼，小女孩就很開心的選了選，最後選了一個貝殼，然後抱著那個貝殼，閉著眼睛把整個沙灘走完。

聽到這，我們問學姊：「然後呢？」學姊說：「沒有然後啊！故事講完了。」回去了以後對室友說了這個故事，室友當時在追求一個外系的女孩子，聽完了以後，非常開心的跟我們說了謝謝，然後就約了那個女孩子出來，室友跟那個女孩子講的前半段，跟我們說的一模一樣，他只加了一句話，就追到了那個外系女孩。如果是你，你會講什麼話？

只要有心，人人都是食神

室友講完故事以後，就對那個女孩子說：「我現在已經把我的眼睛閉上了。」不誇張，我大學有三個同學用這個故事追女孩子，沒有一個失敗。這件事讓我深刻體驗到，「沒有不好用的武器，只有用不好的戰士」「只要有心，人人都是食神」。

跟學生分享這個故事，很多學生說他們聽不懂，我會問他們有沒有聽過：曾經滄海難為水，除卻巫山不是雲。大部分的學生都說聽過，我再問他們。那後兩句是什麼，就很少很少同學可以接得下去，後兩句是：取次花叢懶回顧，半緣修道半緣君。

意思大概就是，走在花叢萬紫千紅中，我懶得回頭看一下，一半是因為在修道，一半是因為心中已經有了你。

我對學生說：「小女孩為什麼要閉著眼睛走完整個沙灘？因為她覺得，我已經找到我認定最大最漂亮的貝殼，所以我再也不想要再看其他的貝殼。這完美呼應唐朝元稹的這首詩。」學生反應說，國文這樣教他們就聽得懂了。

事實上，我看過國文教學讓我印象最深刻的，（我看過的其實沒有很多），大概就是我大學同學李俊儀教授，解釋大唐三藏序的那一段：

蓋聞二儀有像顯復載以含生四時無形潛寒暑以化物是以窺天鑒地庸愚皆識其端明陰洞陽賢哲罕窮其數然而天地苞乎陰陽而易識者以其有像也陰陽處乎天地而難窮者以其無形也故知像顯而微雖愚不惑形譖莫覩在智者迷。

看到這篇妳大概只想到兩個字「放棄」。

改變結構，大腦的接受度有這麼大的不同

如果改變一下，讓它結構明顯一些：

蓋聞

二儀有像。顯　復載　以含生。

四時無形。潛　寒暑　以化物。

是以

窺天鑒地。庸愚　皆識　其端。

明陰洞陽。賢哲　罕窮　其數。

然而。

天地　苞乎　陰陽，而　易識　者。以其　有像也。

陰陽　處乎　天地。而　難窮　者。以其　無形也。

故知

像顯　而微。雖愚　不或。

形譖　莫覩。在智　者迷。

「蓋聞」「是以」「然而」「故知」

不就是起承轉合嗎？原來改變結構，大腦的接受度，可以有這麼大的不同，學生會很有感覺，我對他們說這個是亮點。不可能每個地方都是亮點，就算亮點有很多，他也不可能有「稠密性」。

學生問我，無限多是不是就是稠密性。我說不對，接下來就向他們講解，稠密性跟無限多的差別，他們就對我說：「我搞砸了數學跟文學的感動。」

原來每次見面都可能是最後一面

一期一會，珍惜每一次見面，因為好朋友是很重要的，他們在我生活凌亂不堪，無法往前走的時刻，溫柔、堅定的牽起我的手，繼續往必須的明天前進！

我高中同學都很優秀，在自己的領域各自努力各自精采，更棒的是即使經過了三十年，大家仍然保持聯繫，除了因為珍惜，更重要的是我們有一個感情的黏著劑——「象嫂」。

不知道大家聽到這個綽號，腦海中浮現的形象是什麼？可能是有一個有點巨大的女生，事實上恰好相反，她是一個大約一五五公分、嬌小卻活力充沛的萬年總召，看到她常會想到一句話：「濃縮就是精華。」

原來人要消失的比我想像的快

她每年至少召集大家一次聚會，常常還會設定主題，例如：帶一個童年最愛的零嘴，然後她還會自費幫大家準備抽獎禮物。我好奇地問她：為什麼妳可以這樣無怨無悔為班上同學付出？「我喜歡熱鬧，喜歡看大家開心的笑，所以我不只辦高中同學會研究所大學也都有辦。」

「可是辦活動累，有時候同學的態度也會讓人很沮喪，為什麼妳可以堅持到現在。」我問。「其實有一陣子真的會不想辦了，直到我知道一個最好的朋友得了癌症，過了不久發現姐姐也罹癌，才短短三個禮拜就離開了。這件事從發生到結束，我一直沒有真實感，直到這時我才發現，原來人的生命如此脆弱。原來人要消失的比我想像的快，原來『無常』往往比『明天』更早來到。原來跟朋友的見面，每一次都可能是最後一次，原來有這麼多的原來。那時候我就告訴自己：即使同學會只有一個人參加我都要辦！」

她的工作是一個老師，我也知道他對學生的付出，訓練學生技藝競賽到全國第一，他對孩子的陪伴付出是可想而知的，我對她說：「我有一個好朋友問我，妳身邊這麼多優秀的老師，如果可以選擇，妳希望自己的孩子遇到哪一個？」

「妳絕對是前三名喔。」我說。她笑一笑：「不要看我這樣，其實我曾經有一段過不去的日子，我某方面有完美主義，我常會無限制地燃燒自己，忙碌的工作和家人的照顧，讓我生病好多年，有的醫生說是神經失調，也有的醫生說那是產後憂鬱症。」

重新反思了自己的人生價值

「當時的我一直無法理解從小到大，都是沾床三秒睡的我，為什麼變得睡不著覺，光文你也知道，我們學理工的，我們很難接受一個問題沒有答案。我很想要知道，為什麼人生會變成這樣？那陣子我的夢境常常一直輪迴，例如：我一直畫表格做不完，或是很暗的地方一直繞不出來。反正就是很深的無力感。」

我問：「妳是怎麼走出來的？」她接著說：「運動、閱讀加朋友。其實心靈安置好了，一切都會好轉。我記得有一個朋友對我說：有沒有答案真的很重要嗎？有沒有睡好有這麼重要嗎？我們不是也常常睡不好嗎？現在不想睡，就處理其他事情…走過這段過程，我發現我放下了很多『在意的事』，也放下了很多我『害怕的事情』。」

「我們學校的學生很多都是問題學生，也很多學生本身沒有問題，但他所處的環境是有問題的，像有一個學生他不抽菸學習態度很好。可是他的書包身上永遠都是菸味，因為他家是開賭場的，我們也知道這樣的人生，還存在很多的問題需要去處理。」

「和他們相處會自然地學會多看『亮點』，然後期待他們的努力會讓生命會連結出口，或許陪伴他們的過程也讓我重新反思了自己的人生價值。」

我問：「走過這段不太容易的過程，妳最大的心得是什麼？」「我記得許添盛醫師說過：『我們都是來地球出差、旅遊、學習、考察兼玩耍的。』當我開始用這種心態過日子，我最大的感想是：我一直想要尋求『更好的』，後來我發現我『擁有的』，已經是『最好的』了。」

不知為什麼想起了《哈利波特》第七集，哈利波特到最後終於意會到佛地魔一直存在他的身體，也就是他的一部分其實就是佛地魔，只有他願意去接受面對。這個他不願意接納的自己，才有機會重生，獲得真正的寧靜。

其實每個人都有某一塊，被自己遺忘在黑森林的自己，只是願不願意真誠的去接納面對它。看著她突然一陣溫暖，為什麼我身邊總是有這樣的傻子，總是心甘情願地付出。只因為他們相信：「有些事情總要有人去做，即使她不是最適合的那一個」。

就像她常說的：「一期一會，珍惜每一次見面，因為好朋友是很重要的，他們在我生活凌亂不堪，無法往前走的時刻，溫柔、堅定的牽起我的手，繼續往必須的明天前進！」

關係是問題的解藥，也可能是問題的根源……

當內心足夠強大，我不再攻擊，我知道，當我不再傷害自己，便沒有人可以傷害我。

有人說過：「有關係就沒關係，沒關係就有關係。」不可否認地，「關係」是很多問題的解藥。但同時，「關係」也是更多問題的根源，這不難理解，當一個東西是很多問題的解藥，不可避免地，也會是更多問題的根源。因為資源有限，需求卻是無窮盡的。

面對擾動的外在環境，我們必須優先照顧好自己的內在，非常喜歡好朋友傳給我的這一篇，維琴尼亞．薩提爾〈當我內心足夠強大〉。

當我內心足夠強大，你指責我，我感受到你的受傷，你討好我，我看到你需要被認可。

你超理智，我體會你的脆弱和害怕，你打岔，我懂得你如此渴望被看到，當我內心足夠強大，我不再防衛，所有力量在我們之間自由流動。委屈，沮喪，內疚，悲傷，憤怒，痛苦……當他們自由流淌，我在悲傷裡感到溫暖，在憤怒裡發現力量，在痛苦裡看到希望。

當內心足夠強大，我不再攻擊，我知道，當我不再傷害自己，便沒有人可以傷害我。我放下武器，敞開心，當我的心，柔軟起來，便在愛和慈悲裡，與你明亮而溫暖地相遇。

原來，讓內心強大，我只需要，看到自己。接納我還不能做的，欣賞我已經做到的，並且相信，走過這個歷程，終究可以活出自己，綻放自己。

他只是非常非常難過

有時候只要多一點點的「好奇」，多一點點的「同理」，很有可能事情的發展，就會有很大的不同。

前幾天女人迷主編在成大畢典的演講，提到了她在實習時，很大的一個轉機是，因為創辦人選她為當月小主編，可能是因為壓力加上沒有自信，她焦慮的問創辦人：「為什麼選我？」

明明大家都比我優秀……創辦人卻只是靜靜地看著她說：「試試看吧！我覺得你很適合。」就是這句「試試看，你很適合」，像某種魔法般慢慢改變了，那個沒有自信的主編。

願意為這份信任而努力堅持

有時我們真的不太能理解，為什麼有些人，比我們自己還相信我們……只知道這種相信，會讓你覺得，心被擺到了一個安全的地方，你會願意為這份信任而努力堅持，去做一個對得起這份信任的幸運兒。

就像我有一個很要好朋友，拚命學很多東西，卻仍然沒有自信，直到有一個女孩子對他說：「我覺得你很好啊！」就因為這句「我覺得你很好」他重新了接受了那一個他拚命想逃避的不完美自己。

這讓我想到俄羅斯電影，十二怒漢大審判中，其中一個審判員想說服大家，不要急著下定論，多思考一下時說的故事：

我是一個物理所研究員，我有一項很棒的發明，外國願意出高價買下專利，可是當時我只想把它留在國內，我到處推銷，大家都說棒極了，但卻沒有人願意投資我，我難過並開始酗酒，最後丟了工作、老婆跑了⋯⋯

我甚至想尋死，可是我沒有勇氣自殺，我就是會害怕……所以我挑釁別人，被打、被捅，經常在醫院進進出出……

他只是非常非常難過

有一次我又喝醉了酒，在火車上大吵大鬧口出狂言，我為自己的卑劣下流而開心，我只希望有個人把我扔下火車，好讓我撞上鐵軌腦袋爆漿而死，可是車廂滿滿的人，卻彷彿我不存在。頭轉向別處、靜靜地坐著，只有兩個人例外，一個女人和她五歲的小女兒。我聽到小女孩說：「媽媽，那個人瘋了，我好害怕。」但那個女人卻說：「不，他沒有瘋，他只是非常非常難過。」

就是這句話神奇地讓我發生了改變，後來我決定把專利賣給外國，全球一半的手機都會用上它，而我的日子也發生了很大的翻轉……

或許那個孩子，確實該死在監獄，或許這是他的命，而我，或許也應該死在街頭……可是我沒有。就因為一個人，因為有一個人比其他人，稍微多同理了我一點，就是那一句「他只是非常非常難過」，讓我覺得被理解了，我的心被安置了。

其實面臨很多的不理智，我們常常像車廂裡面的其他乘客，選擇漠視期待事情自動被解決，有時候只要多一點點的「好奇」，多一點點的「同理」，很有可能事情的發展，就會有很大的不同。

很多時候我們需要的真的只是一句「試試看你很適合」「我覺得你很好」「我知道，你只是非常非常的難過」，這樣就夠了。

你的作業我收到了！

需要的真的只是一個人，溫柔的陪著我們，撿起被自己搞得一蹋糊塗的作業。

每次到了學測前夕，不僅學生壓力大，連老師都不自覺得焦慮了起來。前陣子有一個學弟問我：「學長，我有一個學生很乖很努力，可是模擬考成績卻一直不好，每次考完就一直哭，我該如何幫助他……」

問了一下學弟的處理情況，我對他說：「我前幾天看了一則故事，有一個小男孩到學校發現找不到功課，放學又下起了大雨，回家的路上卻發現，他的作業散落在路邊的水窪，全部都被泡爛了，字都暈開了。

他發現他救不回他的作業了，他一邊撿一邊哭。這時剛好他的老師經過，問他發生什麼事，他哭著說出事情的經過。如果你是他的老師，你會怎麼做？」

小男孩說：「他永遠記得，老師蹲下去，陪他一張一張的把作業撿回來放在他的手上，溫柔的對他說：『沒問題的，趕快回家吧，你的作業我收到了。』」

學生的問題好像是在分數上，其實不盡然

我對學弟說：「你已經做得很好了，有些事情不是你能幫的，就像泡爛的作業，如果想要復原，那是不可能的，學生的問題好像是在分數上，其實不盡然。有時候孩子需要的只是一句：『沒問題的，你的作業我收到了。』」

掛斷了電話，我重新審視這個故事。我發現當我是一個老師時，我

做得到溫柔的陪伴學生撿作業，並安慰他的情緒。可是當我是一個爸爸時，我卻常常一邊心急地想如何挽救，一邊碎唸孩子為什麼這麼不小心？再叮嚀一堆。下次該如何防止再犯這種類似的低級錯誤……

反而解開了自己的困惑

很多時候當我們試著打開別人的情緒困擾，卻會很有趣地反而解開了自己的困惑。印象很深刻的是，在葉丙成教授的臉書看過一篇文章：那一天好像是因為教授的升等跟論文的審查不順利，他有很多的情緒及不滿，正想要大發脾氣時，卻發現臉書跳出了他一年前開導學生的回顧，他發現自己對學生說的那些話，如同當頭棒喝似的打醒他自己。也就是那些話疏理他的情緒，讓他想通了⋯

很多事情你不經意拋出去的，會在一個意想不到的轉折，再跟你相逢。其實長大之後我們都知道，我們都會在某些時刻發現，其實我們就是那個在大雨中無助的哭泣的小男孩，這時候我們需要的真的只是一個人，溫柔的陪著我們，撿起被自己搞得一蹋糊塗的作業。

輕輕的跟我們說一句：「沒問題的，你的作業我收到了。」真的有時只要這麼一句，就夠了。

孩子教會我的事：每個人都是Somebody

有一次黃小妹問我：「為什麼江南七怪的柯鎮惡不喜歡黃蓉？」

我：「我覺得柯鎮惡真的討厭的不是黃蓉而是黃蓉的爸爸黃藥師。正確來說，他恨黃藥師，你知道柯鎮惡這一生最在乎，他在別人眼中的姿態（名聲），為了一句話，遠離江南苦守大漠十八年。他其實很崇拜黃藥師，因為對他來講，「五絕」是像神一般的存在，可是他第一次有機會見到偶像黃藥師時，卻是得到黃藥師的一句話：『我不見這些世俗之人……』」

就是這句話，徹底踩到他的痛處了，讓他變得既自卑又自傲了……但我看黃小妹不是很懂的樣子。

我接著說：「有些人非常努力的經營自己的形象，他們很在意自己的表現，更正確地說，他們真正在意的是別人眼中自己的表現，也就是他希望成為別人眼中的 Somebody（有名望的人）。對這類人來說最痛苦的，不是攻擊他而是漠視他、瞧不起他，也就是把他當成 Nobody（無名小輩）……」

黃小妹一臉疑惑的說：「不是每個人本來就是 Somebody 嗎？怎麼會有人是 Nobody？」我非常驚訝地看著黃小妹，她有點不好意思的說：「是我有理解錯誤嗎？」我回答：「不，妳的理解沒有錯……」

親愛的黃小妹，很多時候「單純」是一種力量，可以幫妳直指核心，是我們把關係、世界複雜化了。妳說得沒錯。去追求一個本身就是的東西，真的是一個很奇怪的舉動，不過話又說回來，人本來就是一個很奇怪的生物。

不完美不是罪過

如果都要跌倒，那我寧願妳早一點跌倒……最後她取消了念頭，雖然考試結果不是最理想，還可以接受……

如果……有一個小孩，他從小就有演員夢，他也做足了準備，卻在二十歲時，發現他有「禿頂」的危機。對他而言，這等於是宣告世界末日，他嘗試了所有的辦法及偏方，塗生薑、抹生髮水都一起使用了，甚至受盡了同儕的揶揄。例如：生髮水灑出來，同學會說那桌子會不會長出頭髮，另一同學說：不用擔心，看他的頭，效果也不怎麼樣…… 如果是你會怎麼辦？

妳要持續跑，跑到哭都沒關係……

開個小視窗一下，我曾經教過的一個學生。

一年級她是全校第一名，二年級進入我們班有些適應不良，從高一身材非常纖細，到壓力太大變成像吹氣球似的。有時她情緒低落上不下課，過來找我，我也不知如何幫助她（和學校報備以後），我只知道運動對她好，我只會叫她陪我跑步、運動，鼓勵她去報名半馬，我對她說妳要持續跑，跑到哭都沒關係……

期末她說：我想休學調整明年重來。這樣我才有可能繼續維持一%……當下我沒阻止。隔天想清楚了以後對她說：我不贊成你休學因為這樣就算你維持了一%，考上了台大，問題仍然沒有解決，之後遇到了類似的問題，你不可能一直逃避。如果你沒有去面對解決，這個問題就會變成你的課題。

他會一再的重複出現直到你學會，如果都要跌倒，那我寧願妳早一點跌倒……最後她取消了念頭，雖然考試結果不是最理想，還可以接受……

這世上沒有如果，只有結果和後果

我記得曾經對她說：「我常在想，如果你不要轉過來我們班，現在的妳是不是會更好……」她笑笑說：「其實我國中就因為被笑很胖，才會逼自己減肥，最後變成厭食症。高一那段時間我雖然是第一名，但是我很不快樂，現在的我覺得還不錯，胖胖的瘋瘋的卻很開心，有一群好朋友，體態或許沒有高一那麼纖細，誰知道或許大學我再回來找你時，我又會變成那個迷人的學生了……」

有人說：「這世上沒有如果，只有結果和後果。」

沒想到我讓學生幫我上了一課，當她開始接受了不完美的自己，也開始從別人的眼光中跳脫出來，看到了全新的自己，一個有著很多亮點的自己……結果呢？大學回來找我她沒有變纖細，卻變成系上的夯姐……

回到第一個情境，終於有一天，那個男孩下了一個決定，理一個大光頭。當那些他拚命慰留卻仍慢慢消失的頭髮，掉落到地上，看著光頭的自己，發現自己從未如此有精神，他看見了一個發光的自己，而哪些一直困擾的他的煩惱，似乎也隨著頭髮掉落了。

瞬間他也想通了，演員的路和髮型其實沒有多大的關係，當他想通了接受了全部的自己，他更有自信的去面對未來更多的挑戰。

很多時候面對環境的不如意，我們要做的就是「接受」或是「改變」，如果不能接受也改變不了環境，那就改變自己的想法，如果能接受人生意外不完美是必然的結果，那在盡力努力後就能對結果較釋懷。接受自己的不完美，讓「缺點」變成「焦點」甚至是「亮點」。

我覺得他很好啊……

我？很特別？為什麼？我走不快，跳不高。我的漆也開始剝落。你為什麼在乎我？

學生回來找我聊天，跟我分享了一個有趣的故事《你很特別》。

微美克人是一群小木頭人。微美克人整天只做一件事：他們互相貼貼紙。做得好的木頭人會被貼上金星貼紙。做不好的或犯錯的就會被貼上灰點貼紙。胖哥，常常做不好事，就只有得灰點的份了。不久之後，有些人只因為看到他身上有很多灰點貼紙，就會跑過來再給他多加一個，根本沒有其他理由。

「他本來就該被貼很多灰點點的。」大家都這麼說。有一天，他遇見一個很不一樣的微美克人。她的身上既沒有灰點點，也沒有星星，她的名字叫露西亞。可不是別人不給她貼貼紙喔，是因為貼紙根本貼不住。有些人很欽佩露西亞沒有得到任何灰點，想為她貼上星星，但卻貼不住。

有些人因為露西亞沒有星星而瞧不起她，想給她貼灰點，但是也貼不住。胖哥心裡想：我就是想這樣。我不想要任何記號。所以，他問那個身上沒有貼紙的微美克人，怎麼做可以跟她一樣。

「很簡單啊！我每天去找伊萊。」露西亞說。「伊萊？」

「對呀！就是木匠伊萊。」所以，胖哥他決定去見伊萊。這裡的東西都好大，連凳子都跟他一樣高。胖哥驚訝的嚥了嚥口水。「我不要待在這裡。」他轉身想走。

這時他聽到「胖哥？」胖哥慢慢轉過身，看著那位高大、滿臉鬍子的木匠。他問木匠：「你知道我的名字？」「當然囉。你是我造的啊。」

伊萊彎下腰把胖哥抱到工作檯上。這位創造者看著他身上的灰點說：「看來，別人給了你一些不好的記號。」

「我不是故意的，伊萊。我真的很努力了。」「喔，孩子，沒關係。我不在乎」「你不在乎？」「我不在乎，你也不應該在乎。他們怎麼想並不重要。重要的是你自己怎麼想。況且，我覺得你很特別。」胖哥笑了。

「我？很特別？為什麼？我走不快，跳不高。我的漆也開始剝落。你為什麼在乎我？」伊萊看著胖哥，他把手放在胖哥的小木頭肩膀上，緩緩的說：「因為你就是你，而且你很特別，所以我在乎你。」

當胖哥走出門時，伊萊對他說：「記得，你很特別。」胖哥沒有停下腳步，他心裡想：我想他說的是真的。就在此時，一個灰點掉下來了……

這樣就不會有人跟我搶了……

學生說得沒有這麼完整，這是我去網路上找的，雖然有人把它視為宗教故事。如果不把伊萊視為上帝，其實現實生活中很多這樣的故事。

這個故事會讓我想到，我有一個很好的朋友。他是鄉下小孩，人很善良、黑黑醜醜的，大家都覺得他是一個「好人」。他很期待愛情降臨，大家也希望他找到幸福，他很努力的去看，尼采、存在主義、學樂器、運動健身…

他一直覺得一定是自己不夠有料，才沒有辦法吸引別人，可是即使他做了這麼多，大家仍然覺得他是一個懂較多東西的「好人」，他不懂為什麼會這樣，一直到他遇到了一個女孩。

那個女孩很清秀聰明，常常主動找我朋友玩，更跌破大家眼鏡的是，最後兩人變成情侶了，有人很好奇的問女孩：「妳不覺得他醜醜的嗎？」

她說：「那很好啊！這樣就不會有人跟我搶了。」有人又問：「他那麼不愛乾淨，不愛乾淨，妳到底看上他哪一點？」她說：「不知道，我覺得他很好啊。」

不用努力去變成另外一個人

就是這句「我覺得他很好啊」讓我朋友人生第一次感覺到什麼叫作「完全被接受」，原來這個就是完全被接受，她完全接受你的缺點優點，你就是你，可以不用努力去變成另外一個，別人或自己期待的樣子。

因為完全被接受，他也可以第一次完全去接受自己的不完美，他變得更有自信，那不是讀多少的書、學多少的才藝可以改變的。他瞭解了，自信是由內而外的，如果沒有接受自己，填充再多東西你都感覺是虛的。我們一致覺得，他真的變得更有自信，散發出自信做自己的他，其實滿帥的。

雖然最後他們還是分開了，但是我朋友一直對我說，他永遠忘不了哪一句：「我覺得他很好啊！」

是那一句，讓他終於可以褪下他身上，背負很久很久的灰點，讓他真正的光芒可以有機會散發出來。

「這一刻不只是我在頒獎，而是全班一起頒獎」

看著聽著全班不忌妒的祝福鼓勵，我知道她不會忘記這個畫面，因為這不只是我頒獎給她，而是全班一起頒獎給她。

學生畢業典禮會有很多令人感動的畫面，如果問我印象最深的是哪一個？我想會是……這一個。我有一個學生，很熱心，可是高中獎項真的太少，如果綜合評比排序一定不會輪到她。

後來有學生開玩笑說：「你可以衝上去自己頒獎……」讓我有了這

樣的想法，到學務處拿獎狀，說明我的用意後，主任建議我用家齊女中（現在是家齊高中）更有代表意義，準備完成。

畢業典禮後回到教室，我對大家說：「恭喜大家畢業了，我真的覺得高中獎項真的太少，妳們都很優秀，有太多的遺珠之憾，所以老師決定要頒一個特別的獎項，這位得獎同學很特別，我交代的課業作業，她常不準時交，但如果是全班的事情，她絕對盡心盡力非常可靠。」

這時，班上有一大半的同學笑著大喊：「夢夢。」

我接著說：「我總是看到她默默地幫大家，把鞋子排好，默默的為全班付出……」

這時幾乎全班都重複喊著「夢夢」，我只記得我每說一句，同學就會熱烈呼應她的綽號。看著她靦腆又開心地笑著，看著聽著全班不忌妒的祝福鼓勵，我知道她不會忘記這個畫面，因為這不只是我頒獎給她，而是全班一起頒獎給她。

我真的很開心我是老師，可以去做這些事，更驕傲我是這群孩子的老師。我記得剛入學時，我跟你們說過：我對你們最大的期待就是，畢業後，你們可以很開心的笑著對我說：「很高興來到家齊，很高興來到十班。雖然我不知道有幾個同學，會這樣對我說，但這一刻我很確定，很開心遇見妳們，很開心我是十班的導師。」

套句妳們常說的話：「我是十班，我驕傲。」

從此以後，你們不再是一般過客

這個世代的孩子這麼難教，如果我們還不教，那以後怎麼辦？

今天校內最好的同事W來找我聊天，聊到這個世代孩子的態度跟價值觀，以及營隊續辦與否的抉擇。我說：「我沒意見，我都支持你，有些學生真的很難教，很多問題必須回溯原生家庭，我說一件營隊的小事給你聽，你記得營隊晚餐，你因為有事，叫我帶學生去附近的餐廳吃嗎？」

W：「記得啊！因為不想浪費免洗餐盒。」我說：「對！可是我們到了餐廳老闆已經把晚餐裝成一盒一盒的，超傻眼的，但這不是重點，你知道嗎？吃完後，晉宇和總召要大家跟平常一樣將餐盒集中、疊好、整理桌面，看得出有些孩子覺得多此一舉……」

W：「結果呢？」我回答：「還不錯，都有收好，老闆也非常的開心。重點是，第二次我們再去，你知道怎麼了嗎？天啊！同樣價位的炒麵，那個蝦子花枝蚵仔變得超級多，老闆還準備了小番茄，多炒了兩道菜幫大家加菜，離開後，我問學生：『有沒有發現今天菜色的變化？』」

學生答：「有啊！今天量跟料都變得超級多的……」我問：「你們覺得為什麼？」學生疑惑道：「是因為昨天我們隨手收了餐盒嗎？」我說：「對，你們吃完不收，說真的不算超過，老闆也習慣了，但是你們卻把它整理收好，對你們這只是個簡單的小動作，但對老闆卻是非常貼心，從此在那個老闆眼中，你們再也不是一般的過客，而是那批特別的『家齊』學生。這就是我們一直要求你們細節、態度的原因，你們絕對有這個能力，也有這個義務將這件隊服穿挺，因為你們代表的是家齊科服社，不是有做就好，而是要做就把它做好。所以丹平一直要求你們：『這幾天，撐也要撐出該有的態度。』」

很多時候一開始，我們必須假裝成自己想要的樣子，直到自己真的變成那個樣子，所以我們常跟你們說，不盡力真的不是過錯，而是你會錯過。

現代的孩子，有時不是不願意付出，而是太少有機會，看到努力付出後的改變，這批孩子很幸運，雖然不是每次都這麼幸運，但，你也知道三天的營隊，一定會有這樣的時間點，就像你常說的：「這個世代的孩子這麼難教，如果我們還不教，那以後怎麼辦？」

W：「你還說你沒有立場，你的立場超明顯的好嗎！」其實我真的很中立，只是我知道他內心真正的想法，其實是放不下、捨不得。

讚美三段論

關鍵不在於，可不可以使用聰明這個字眼，而是不要只講到聰明就停了。

如果今天你的好朋友路跑成績破個人紀錄，你想恭喜讚美他，你會怎麼說？

A：老實說，你是不是有吃藥，怎麼這次跑這麼快！

B：太厲害了，偶像！

C：你進步好多，快教我你怎麼做到的！

D：其他

今天聽到一個很有趣的說法，來自得到CEO脫不花所提出的「讚美三段論」，什麼是讚美三段論？就是把讚美分成三個環環相扣的步驟來展開。首先說：「我發現了一個你特別好的地方。」然後說：「我認為你能達到這個成就是因為什麼。」最後說：「這個成就對我造成了什麼影響。」

每個人都希望自己是有影響力的人

一般人的讚美，通常只有做到第一個步驟，也就是現象的表達。沒有不好，也沒有太好，因為大家都可以做到。如果你可以做到不是只有表達現象，而是關注現象背後所付出的努力，那麼你的稱讚就會再高一個層級。如果可以再接著說這件事情給你的影響，那麼這個稱讚就會顯得非常受用，因為每個人都希望自己是有影響力的人，尤其自己被稱讚的點，可以發揮正向的影響力。

「阿光，你最近路跑的成績太強大了，我相信你一定做了很大的練習跟月跑量，果然馬拉松只有累積，沒有奇蹟，真的激勵到我了，我決定從今天開始，每天都要跑十公里！」一樣都是誇對方成績進步，這兩個給人的感覺差異度會不會很大？三段論其實就在提醒對方，我們不是只有看到表面的成功，我們有看到成功背後所付出的努力，更肯定這個努力所發揮的正向影響力的。

關鍵在於不要只講到聰明就停了

許多兒童教育專家一再強調，不可以誇孩子聰明，應該誇孩子努力，要不然孩子會害怕失敗嘗試，而無法養成成長型的思維。其實關鍵不在於可不可以使用聰明這個字眼，而是不要只講到聰明就停了。

「小毛你真聰明，這個問題怎麼會想到用這個方法去解決？你一定比較過幾個方法，發現這一個是最好的。謝謝你，下一次我遇到類似的問題，我就多了一種解決的想法。」

你想這樣誇他聰明，難道會有什麼問題嗎？用三段論來讚美別人，不是為了討好別人，而是要求自己不要停留在直觀的現象，而是花更多時間，去看現象背後的價值，養成善於發現的好習慣。

其實對很多人來講，比起讚美別人更難的是，如何回應別人的讚美？很多人直覺的回應都是：「哪裡哪裡。」或是因為害羞，而用另外一種更浮誇的方式去回應，例如：「知音難尋。」

一個不錯的回答可以供你參考：「謝謝你這麼說，你經常激勵我，對我幫助很大。」一某方面來說，這也是讚美三段論的一個應用。覺得現在的年輕人不太會讚美別人，有時他們是以可以傷害對方程度，來證明彼此的交情有多好。

沒有優點和缺點，只有特點

沒有絕對的「優點」和「缺點」，只有「特點」。擺對位置或是發揮得好就是獨特的優點。

今天聽羅胖說了一個故事，故事是這樣的：話說歐巴馬當選總統之後，他的鄰居樂壞了，因為他覺得自己的房子旁邊就是總統的故居，那他要發財了。所以他就很開心的把自己的房子，以三百萬美元高價賣出。結果，卻怎麼賣也賣不掉……

其實原因也不難理解，因為是總統的故居，這附近的保安等級一定會大大提高。大家其實並不喜歡生活被監控，沒有隱私，所以就不會特別花高價來買。結果這位鄰居最後打對折，用一百四十萬美元的價格賣掉了房子，新屋主把它改建成幼稚園結果生意非常好，因為在總統故居的旁邊，可以跟孩子講故事，這本來對幼兒園來講就是賣點，加上保全等級高，這裡幾乎是全美國最安全的幼稚園。所以不難理解，新屋主賺了一大筆錢。

其實這個故事是真是假也沒那麼重要，很多時候同樣的資源放在不同的場景，價值是完全不一樣的。

老人家與小朋友的組合

這讓我想到國外曾經有一間安養院，發現老人家彼此不太喜歡交流，老人們越來越沒有活力，鼓勵辦活動利誘效果都不好。最後他們請隔壁幼兒園的小朋友，定期來跟這些老人家互動，大部分的人對老人家不耐煩的是，他們都在回憶當年，而且一再重複，再精采的故事都會令人受不了。

可是對幼兒園的小朋友來講，他們最需要的就是「重複」，在這些互動中最常出現的場景是小朋友拉著老人家說：「黃爺爺你能不能再講一次，你怎麼打敗壞人的那一段」「陳奶奶你再講一次，上次講的故事好不好……」就這樣老人家越來越有活力。

更有趣的是，這些小朋友的詞彙能力超越同儕非常多，因為一般大人不太有那麼大的耐心一再「重複」。老人家喜歡重複看似一個致命的缺點，而小朋友超愛好奇地追問常常讓大人困擾，這兩個常見的困擾在這樣的場景下，卻是相得益彰的優勢。

運動加閱讀讓你遇到更好的自己

其實長大以後我們都知道，沒有絕對的「優點」和「缺點」，只有「特點」。擺對位置或是發揮得好就是獨特的優點；擺錯了位置或是發揮得不好就是致命的缺點，很多人說選擇比努力更重要就是這個意思。

選擇適合你的位子去努力，相信自己一定有一個位子會讓你發光發熱。你可能會說，可是我找不到自己適合的位置，那就運動加閱讀吧。這兩個都是很好的方式，讓你遇到更好的自己。

在你空閒時，運動或閱讀你總要走在其中一個的路上，然後走著走著你可能就發現，你已經走在一條最適合你的道路上。

勇敢向世界索求吧！

最好的心態是：「對結果樂觀，對過程悲觀。」因為這樣，你不會小看事情的難度，但是有信念支持到最後。

前幾天女兒跟我分享，清大有所謂的「剩食共享冰箱」，就是店家賣不完，卻不能放到隔夜的，倒掉也可惜就捐出來，給學生免費索取。

我說：「我覺得這很棒耶。」她回答：「對啊，我覺得他們很厲害，怎麼會想到這樣的點子，有些店家固定每天，都會留下七、八份，我都覺得他們是故意的。」

我接著說：「這不僅對學生有幫助，對店家本身的形象也是很加分，重點是發想人，要去跟商家洽談時，要有被拒絕的勇氣。」女兒說：「我覺得這個超厲害，因為我覺得自己做不到。」

「其實這就是『意義感』，你在做一件有意義的事，不是為了自己的個人利益，你就會更有勇氣的去面對，這些拒絕的難堪。」我說道。「我跟你分享一件小事，我有一個好朋友，他們學校要百年校慶，各科都要出一個節目，科內請他設計一個實境解謎，他原本其實就有設計，只是後來想一想，以百年校慶的規模，他的東西似乎不夠精緻，所以他左思右想，終於鼓起勇氣聯絡密室逃脫公司，問他們：『如果他已經有大致的初胚，但是故事跟題目的融入度不夠，遊戲體驗的帶入感不夠，要請他們微調給建議，這樣需要多少經費？』密室逃脫公司一開始是拒絕，因為他們沒有接這種case，他沒有放棄，把題目想法資料，整理得更好寄給密室逃脫公司，把它想要的說得更具體，後來密室逃脫公司終於回覆他，問他想要達到的效果是什麼？有沒有什麼限制？」我繼續說。

「他希望能透過業界的專業，讓學生校友體驗更豐富感動，只是學校經費真的很少。密室逃脫公司對他說：『我們滿喜歡你的東西，但他可能會修改不少，最重要的是，我們可以帶團隊幫忙，不收你們任何費用，因為我們有接另外一個單位的計劃，剛好可以結合。』我那個朋友超興奮的，除了可以讓學生在百年校慶，玩到一個業界水準的解謎遊戲，不用增加學校的業務負擔，更可以看到業界，怎麼產出一個東西的過程，這種經驗是非常難得的。」

因為隨著年紀的增長，我越來越有這種感覺，如果你覺得自己做的事情是有意義的，那就大膽的跟這個世界索求吧。不要擔心失敗，不要怕被拒絕，不要酸言酸語，這世界很有趣，大部分的人只會記得，你成功了幾次，沒有人會在意，你失敗了幾次。而一個規律是這樣的，成功會吸引更多的成功，那挫折失敗呢？

要得到一個有價值的東西，你不覺得付出一些成本，是蠻合理嗎？沒錯，這些拒絕失敗，就是過程中，一定要承受的成本。

有一個研究報告很有趣，覺得要做成一件事情，是樂觀比較好？還是悲觀比較好？你可能會想當然樂觀比較好。其實最好的心態是：「對結果樂觀，對過程悲觀。」因為這樣，你不會小看事情的難度，但是有信念支持到最後，然後你會有一個，有轉折的好故事。

這世上所有的東西，都暗中標示了價格，也就是你必須付出的成本。勇敢的向這個世界索求吧，你會發現有時候，他給予的比你期待的更多。

你是討好型人格嗎？

成長環境對人的影響，記得是「影響」，而不是「決定」。

你知道下面那一位是，金庸小說裡，渣男排行榜前三名：

①韋小寶

②慕容復

③令狐沖

④張無忌

我看過好幾個版本，但這一個一直都是前三名，他就是張無忌。說真的，第一次看到這個排行榜。我傻眼了，他怎麼會和渣男，這個詞掛在一起？比起韋小寶，他正直多了吧。有趣的是，韋小寶甚至進不了前十名。

這是為什麼？有人說那是因為他一直想當好人，即使做了錯事，他依然希望，對方覺得他是好人。以現在的話來說，張無忌是討好型人格。害怕衝突，喜歡自我犧牲，來成就大局，所以最後他選擇了離開明教朱元璋這些人。

為什麼對這一段，特別有感覺，因為我也是討好型人格，有一年愚人節，學生為了捉弄我，安排兩個人在課堂上爭吵，甚至大罵要出手。說真的，怎麼可能不知道，學生是故意的？但是我卻發現，明知道學生是假的，我卻控制不了，自己的心跳加快，整個人開始恐慌，不舒服起來。

那一次我深刻的體驗到，原來我對衝突，是這麼的恐懼。有時候一件事情，明明自己不喜歡，但是面對別人的請求，衡量過後，只要不是太困難，大部分都會答應，常常答應過後，才責備自己，為什麼明明可以爽快拒絕？為什麼要答應？難道只是因為希望，繼續扮演好人的角色設定，就要一直隱藏，自己真正的感受嗎？

在網路上查了一下，討好型人格，發現通常和原生家庭有關係，就是成長過程，如果家庭有一個，情緒不太穩定的強勢長輩，為了方便解說，假設是爸爸，可能全家人都要，時刻注意他的情緒，把他的感受擺在第一位，孩子在成長的過程中會發現，爸爸的感受比自己的感受還要重要，最優先想到的不是自己，而是這件事情，會不會讓爸爸不開心？

因為他不開心，整個家裡的氣氛，就會非常糟糕，所以你變得做什麼事情，都特別小心，因為你不希望，氣氛變得糟糕。我知道你可能會覺得，你這樣是不是在鼓吹，原生家庭宿命論嗎？不是的，我本身也很不喜歡，佛洛依德那一套性格決定論，彷彿你的出生就被決定，無法改變，但我無法否認，成長環境對人的影響，記得是「影響」，而不是「決定」。

「自我察覺」永遠都是，改變的第一步。有同學會說，我知道我是討好型人格，我不喜歡，我有察覺了，那下一步，我該怎麼做？

練習說出「我沒辦法」

你不是聖人或超人，你有權利當一個平凡人，能自信的說出「我沒辦法」，就是改變的第一步，更重要的是當你練習拒絕，你會發現其實後果，沒有你想像中的嚴重，大部分對方都是能理解的。

如果因為失望，而沒有辦法接受而離開你，那代表你們的關係是，建立在這樣的基礎之上，這種利用魔人，你也可以對他說：快走不送。更重要的你會更能同理，有時候被拒絕，只是不方便，並不是對方討厭我們，你會開始減少，很多內心的小劇場。

看見及接受真實自我

很多時候討好型人格會進入一個，好人的角色扮演無法自拔，內心共同的希望是，別人可以肯定我、重視我，不自覺的透過討好，去達成這個目標，但你知道嗎？

即使達到了，別人肯定的是，那個你扮演的角色，而不是真正的自我，我猜你更希望的是，別人可以喜歡更真實的你。

你該做的是贏得尊重，而不是獲得喜歡，況且退一步來說，討好也不會，讓你贏得喜歡，因為如果你沒有接受，真實的自己，別人也不會喜歡你，因為你會有一種，

不協調感，所以有句話是這樣說的：別人對你的態度，更多反應的是，你和自己的關係。

你不欠任何人

不自私和善待自己，這兩件事情是可以並存的，請你記得守住，「善待自己」的邊界，不要把「善良」和「沒有底線」搞混了，你知道嗎？所有關係中的問題，大部分都來自於：你不懂得好好照顧的自己，卻奢望別人把我們安頓好。

不面對衝突，卻期待所有的問題自動解決。討好型人格的人，就好像大腦住了一個酸民，不斷批評苛求，你做得不夠好。何必呢？你只有照顧好自己，才有辦法照顧好別人。

記得，介意的人不重要，重要的人不介意。而重要的人，真的沒有那麼多。不重要的人，你幹嘛那麼介意。

比起超強的表現，更重要的是……

有了開始這一步，才能累積到下一步，才能完成你想要的，最後一步。

很多時候我們想要養成一個好習慣，例如鍛鍊自己、讀書習慣、減肥。一開始興致勃勃，過一段時間就無疾而終了，是自律不夠，還是方法不對？

有沒有更好的方法？網路上有一種說法，養成一個習慣，需要二十一天以上，我決定拿自己當實驗，想要養成鍛鍊的習慣。我以前會在書桌前寫下目標，每天伏地挺身二十下、仰臥起坐五十下、深蹲三分鐘。

我一直覺得自己是一個滿自律的人，結果通常不到一個禮拜，就會因為突發狀況，最後放棄不了了之。這一次我小小修改了一下，發現效果很不錯，已經堅持了好幾個禮拜以上，還加上幾乎每天，都十公里的跑步。

我知道你會想問，到底是做了什麼樣的修改？效果這麼好，其實很簡單，我把自己的目標改成每天伏地挺身一下，仰臥起坐五下，深蹲一分鐘。我知道你可能，嘴巴忍不住的，發出「嗤」一聲，你可能會想，這樣的目標，對鍛鍊根本沒有意義，不瞞你說，我以前也這樣認為，但這個試驗過後，我發現我改觀了。

因為當你真的開始了，就不會只有做一下伏地挺身，當你躺在仰板上，就不會只有做五下仰臥起坐，所以幾乎每天我做的，都是伏地挺身二十下，仰臥起坐五十下，深蹲四分鐘。所以雖然目標訂得非常的低，但最後累積的，都比之前的目標更多。

最重要的是，有幾天當我忙完事情後。我發現已經十一點了，這時候只想要，趕快洗完澡睡覺，因為明天還要上班，但是看著牆壁上，月曆上面的星星，（每天完成我都會，在月曆上面打一個星星），我會告訴自己，只要一下伏地挺身，五下仰臥起坐，我就可以幫自己，打一顆星星，其實這非常的簡單，空著覺得怪怪的，就這樣趴下去，一下兩下很自然的，又做到了十、二十下，這就是我想分享的。因為難度很低，所以很容易願意開始，而很多時候最難的，就是開始這一步，因為最大靜摩擦力，比動摩擦力大。

有人可能會覺得，可是即使難度降到這麼低，我還是不想去做啊！對，那代表這件事情，可能不在你想完成的願望清單裡面，那真正想完成的願望清單是什麼？是不是可以去試試這個方法？有了開始這一步，才能累積到下一步，才能完成你想要的，最後一步。

再退一萬步想，就算你真的只做最基本的，長期累積下來，也是非常可觀的，每天一下伏地挺身，一年就三百多下，看似沒什麼，但跟沒去做的，那個你比起來，差距是非常有感的。

如果有一個長期目標，常常堅持又放棄，我以一個資深經歷者身分，想分享幾件事：

①將目標難度降到很低

相信我那只是讓你，更容易跨進去堅持，並不會讓你因為太輕鬆，變得散漫不投入，如果這是一件，你真的想做好的事情。

②製造立即的回饋

以鍛鍊而言，你不會今天鍛鍊，馬上看到自己的變化，所以我選擇在月曆上，給自己做星星的標記，這其實就是給自己，一個立即的肯定回饋。

③多肯定自己做得好的部分

如果二十一天的堅持有一天沒有做好，你會看自己完成的二十天，還是沒有做好的那一天？一般人都會看，沒有做好的那一天，然後怪罪自己，然後會更積極一陣子，然後不小心又沒做好，幾次下來為了逃避，不舒服的感覺就放掉了。

其實，沒做好就是已經過去了，未來做好才是最重要的，而且大部分時，你都做得很好，為什麼要這麼苛責自己？其實長大以後我們都知道，很多事情，比起超強的表現，更重要的是，持續穩定地出現。

後記

請選擇相信

我曾經問學生：「你知道為什麼我常向你們灌雞湯嗎？因為看著你們，我會想起高中的自己，也會常問自己，如果有機會遇到高中的自己，只能說一句話，我會對他說什麼？」

小時候，媽媽給我五塊錢，去買一罐我愛喝的飲料，我很開心地帶著，那一罐玻璃瓶飲料回家，小男生喜歡自我挑戰地走路，就在回家的路上，一個不小心瓶子摔了出去，我到現在都還清楚記得那個畫面，碎掉的玻璃罐冒著白色泡泡的汽水飲料，那時我告訴自己：不能哭、沒關係的。但從此以後我再也沒有去買過那種飲料。

我早期的人生，充滿了類似的失敗。想要的東西得不到，或是得到了卻沒有辦法擁有太久。我大學時期，明明很喜歡一個女孩子，卻不敢表白，因為沒有自信，因為害怕失敗，直到她被追走。

有一則古老的傳說：每個人心中都住著兩匹狼，一匹正向積極，一匹懦弱退縮，兩匹狼無時無刻都在打架，你覺得哪一匹狼會獲勝？答案是你餵養的那一匹。那段時間，我拚命地餵養懦弱且一堆藉口的那匹狼，替自己找了好多藉口，避免去面對挑戰，避免去面對失敗。我以為人生就是這個樣子了，甚至告訴自己，每個人的人生都是如此。

後來在臉書發表了一些文章，我的好朋友、一個文筆非常優美的老師對我說：「你的文字很溫暖、很有力量，一定要一直寫下去，你的文字一定可以影響很多人。」

那個朋友是一個標準暖男，永遠正向鼓勵他人，當然會合理懷疑這些話應該不是只對我說過，但這次我決定餵養另外一匹狼，所以我選擇了相信，相信他對我的相信。就這樣，我開始傻傻地一直寫，即使沒有幾個人按讚，我也一直寫，因為我選擇相信，我的文字是可以影響一些人，因為這份傻傻的相信，很幸運寫出了幾篇不錯的文章，很幸運地可以出書。我知道你可能會想吐槽，你這個是「倖存者偏差」吧？

並不是每個人都這麼幸運，你叫大家選擇相信，結果通常會不會是，更多的期待，更多的傷害。沒錯，長大以後發現，不是你的心中住著「兩匹狼」，你的四周圍也住著「兩批狼」，我記得我剛開始用，魔術桌遊去融入教學，有很多好朋友鼓勵支持，但也有一些同事是這樣說的，我真的沒有辦法像你這樣，像個小丑一樣，討好取悅學生⋯鼓勵積極的聲音，取笑打擊的聲音，重點是你決定要，加強餵養哪一個聲音？

這就是我最想跟高中的自己和你們說的，「請選擇相信正向美好」，雖然聽起來很雞湯，但是這樣的人生態度，真的讓我後面的人生，發生了很大的改變，我真的很希望，高中時候的我，可以早一點明白這個道理，選擇相信，一定有一個位置，是屬於我的，當我無力時我可以告訴自己，「不是我做不到，只是我現在還沒做到。」

當然不是選擇相信美好，結果就一定是「成功」，但一定不會是「空白」，就像我曾經問一個好朋友：你這麼努力付出，你期待改變什麼？

我一直記得，他對我說：光文，我是為了以後，我們被推輪椅曬太陽時，可以有更多的故事可以聊，而不是一堆遺憾空白。長大以後我們都知道，人生的道路坑坑巴巴，沒有所謂「沒有錯」的路，你只能選擇一條「不會後悔」的路。

請不要優先選擇誠實

作　　者：黃光文
繪　　者：狗　竹
主　　編：王衣卉
行銷主任：王綾翊
全書設計：兒日設計

總 編 輯　梁芳春
董 事 長　趙政岷
出 版 者　時報文化出版企業股份有限公司
　　　　　108019 臺北市和平西路 3 段 240 號

發行專線　(02) 2306-6842
讀者服務專線　0800-231-705・(02) 2304-7103
讀者服務傳真　(02) 2304-6858
郵撥　19344724　時報文化出版公司
信箱　10899 臺北華江橋郵局第 99 信箱
時報悅讀網　http://www.readingtimes.com.tw
電子郵件信箱　yoho@readingtimes.com.tw
法律顧問　理律法律事務所 陳長文律師、李念祖律師
印刷　家佑印刷有限公司

定價　新臺幣 380 元
初版一刷　2024 年 6 月 7 日
初版三刷　2024 年 8 月 21 日

請不要優先選擇誠實 / 黃光文作. -- 初版. -- 臺北市：時報文化出版企業股份有限公司，2024.06
336 面；14.8×21公分
ISBN 978-626-396-335-1（平裝）
1. CST：人生哲學　2. CST：生活指導
191.9　　113007200

ISBN 978-626-396-335-1

關於作者

黃光文

臺南家齊高中數學科老師，2021 年臺南市「SUPER 教師獎」高中職組首獎得主、2019 年遠見第二屆「未來教育臺灣 100」得主、2017 年親子天下第一屆「創新 100 領袖」得主，文章並散見於親子天下「翻轉教育」平臺專欄。

同學都暱稱他「光光老師」，最喜歡聽他「行銷數學」，所開設的多元選修課「魔術與桌遊」，便是用「魔術」當成數學的開場白，激發學生探索數學的動機，讓學生對數學感到好奇，不再畏懼數學。他最常做的，就是帶學生跳脫框架，練習懷疑那些本以為理所當然的事情，逐步建構多維思考，將「數學」潛移默化到學生的生活之中。

關於繪者

狗竹

喜歡用手繪圖文記錄生活的人。繪畫除了是一種視覺的表達，也是記錄感受的出口。創作有各式各樣的變化，就像通往不同路徑的大門。我們不需哪裡都去，只要找到剛好符合自己的風景，就是一種幸福。

Facebook 粉絲專頁：狗竹圖文
Instagram：et456456456

時報文化出版公司成立於一九七五年，並於一九九九年股票上櫃公開發行，
於二〇〇八年脫離中時集團非屬旺中，以「尊重智慧與創意的文化事業」為信念。